KB232830

우주와 창조자

창조신학 입문

세계복음화문제연구소
(The World Evangelization Research Center)는
한국 교회가 세계 복음화를 위하여
한 모퉁이를 담당해야 한다는 사명으로 사역하고 있습니다.

이 도서에 실린 모든 내용은
세계복음화문제연구소의 도서출판 세 복이 출판권자이므로,
학문적 논문의 인용을 제외하고는
본 연구소의 동의 없이 복제할 수 없습니다.

우주와 창조자 창조신학 입문

지은이 데이비드 퍼거슨
옮긴이 전성용
발행인 홍성철
초판 1쇄 2009년 7월 15일
발행처 도서출판 세 복
주소 서울특별시 종로구 신문로2가 1-70
전화: (02)2066-5562
홈페이지: http://www.saebok.net
E-Mail: werchelper@hanmail.net
등록번호 제1-1800호 (1994년 10월 29일)
총판처 미스바출판유통
전화: (031)955-4433, 팩스: (031)955-4432
ISBN 978-89-6334-001-2   03230
값 7,000원

ⓒ 도서출판 세 복

창조신학 입문

우주와 창조자

데이비드 퍼거슨 | 지음

전성용 | 옮김

도서출판 세 복

THE COSMOS AND THE CREATOR

An Introduction to the
Theology of Creation

By

David A. S. Fergusson

Translated by

Sung Yong Jun

Copyright © David A. S. Fergusson 1998
First published in Great Britain
Society for Promotion Christian Knowledge
Holy Trinity Church
Marylebone Road
London NW1 4DU

Published in Korean by permission 2009
Copyright © Saebok Publishing House
Seoul

목차

이 짧은 연구를 구성하는 자료는 1994년 아버딘(Aberdeen)에 있는 홀번웨스트교회(Holburn West Church)와 퀸즈크로스교회(Queen's Cross Church)의 주일 저녁 연합 공부반에서 처음으로 제시된 것이었다. 나는 이 연속 강의에 참여하도록 초청해 준 밥 브라운(Bob Brown)과 마이크 메어(Mike Mair)와 거기에 참석했던 모든 분들에게 감사한다. 매일 예배를 마치면서 불렀던 찬양 "우리의 우리 됨을 하나님께 감사하나이다"는 마이크 메어가 작사하였다. 이 노래는 내가 말했던 어떤 것보다도 우리의 주제에 맞는 찬양적인 의미를 잘 표현한 것으로 보였기에 그의 허락을 받아 다음 페이지에 그것을 실었다.

이 책의 내용들은 1996년 7월 에딘버러대학교(University of Edinburgh)의 뉴칼리지(New College)에서 행한 네 차례의 커닝햄 강좌(Cunningham Lectures)의 개정판이다. 나는 나의 모교인 뉴칼리지에서 창립 150주년 기념 축하 기간 동안 이 강의들을 하도록 관대하게 초대해 준 뉴칼리지의 학장과 평의회 그리고 신학부의 학감과 교수단에게 감사한다. 나는 또한 은사들, 이전의 동료들 및 강

의에 참석하고 토론 시간에 건설적인 논평을 해준 학생들을 포함
해 많은 친구들에게 감사의 빚을 졌음을 기록하게 되어 기쁘다.
이 원고가 마지막으로 완성된 것은 프린스턴신학교의 신학연구
소(Center of Theological Inquiry, Princeton)에서의 연구 휴직 기간이
었다. 나는 아르하우스대학교(Aarhaus University)의 니일스 그레그
센(Niels Gregersen)이 우리가 프린스턴에 함께 있는 동안 제 3장의
초고에 대해서 유익한 논평을 해준 은혜를 입었다.

데이비드 A. S. 퍼거슨

우리의 우리 됨을 하나님께 감사하나이다

(탈리스 캐논 곡조에 맞추어)

우리의 우리 됨을 하나님께 감사하나이다.
몸은 우주와 별들로부터 형성되었고;
마음은 짐승들과 꽃들로부터 자랐으며;
영들은 당신의 능력 안에 참여하였나이다.

우리의 독특함을 하나님께 감사하나이다.
생각하고 말하는 능력이 있으며;
세상에 이름을 붙여 주고
당신의 설계하는 사랑이 계획하신 것을
　　이해할 수 있음을 감사하나이다.

우리의 자유함을 하나님께 감사하나이다.
우리가 행하고 되어야 할 것을 선택하게 하시고;
우리가 어두움과 상실을 택했을 때
우리는 당신이 십자가 위에서 기다리고 계심을 발견하나이다.

우리가 소망할 수 있음을 하나님께 감사하나이다.
우리의 삶은 당신의 지혜의 범위에 맞을 것이며;
띵의 고동을 통과하여
당신의 영은 당신의 자녀들이 태어나게 하나이다.

우리는 당신의 당신 되심을 감사하나이다.
우주와 별의 모습을 빚으신 분이요;
웃음과 괴로움의 그리스도시요;
다시금 낳으시는 성령이시나이다.

마이크 V. A. 메어

2008년 5월 16일 이 책의 저자 데이비드 퍼거슨 교수가 서울신학대학교 신학대학원에서 두 차례의 강의를 하였다. 그것은 최근의 무신론과 창조신학에 관한 것이었다. 나는 그의 강의를 듣고 이 책을 번역하기로 하였다. 지금이야말로 이 책이 한국의 신학도들에게 읽혀져야 할 때라고 판단하였기 때문이다. 창조신학은 21세기에 가장 치열하게 다루어지고 있으며, 앞으로 더욱 더 강력하게 주목받아야 할 주제이다.

나는 2008년 12월에 MBC TV를 통해서 "북극의 눈물"이라는 다큐멘터리를 보고 충격적인 영상 앞에 생태학적인 위기의 구체적인 현실을 목도하게 되었다. 지구 온난화로 말미암아 북극의 빙하가 녹아내려 북극의 동물들이 멸종 위기에 처했다는 뉴스의 현장을 보여 주었다. 우리나라 방송 제작진에 의해서 만들어졌기 때문에 충격의 강도는 배가되었다. 이제 지구와 인류의 멸망이라는 주제는 더 이상 학자들의 상상 속에 있는 먼 미래의 보이지 않는 추상적 세계에 해당되는 것이 아니다. 그것은 한 뼘 한 뼘 다가오고 있는 죽음의 그림자처럼, 나의 몸을 스물 스물 기어 올라오고 있는 독벌레처럼 느껴진다. 어쩌면 더 이상 우리가 책상이나 교실에 앉아 있을 것이 아니라 촛불 집회 장소로 가서 대규모 시위를 벌여야 할 때가 임박했는지도 모른다.

그러나 그렇게 하기 전에 우리는 냉철한 이성으로 하나님 앞에서 이 문제에 대해 다시금 성찰하고 이론적인 정리를 먼저 해야 할 것이다. 그리고 우리의 지구를 구원하고 우리와 우리의 자손을 구원하기 위하여 무엇을 행동해야 하는지 생각해야 할 것이다. 그리고 이 구원이 우리의 힘으로가 아니라 하나님의 은혜로 이루어지게 해 달라고 기도해야 할 것이다.

2009년은 찰스 다윈(Charles Darwin) 탄생 200주년, 〈종의 기원〉(The Origin of Species) 출판 150주년이 되는 해라고 하여 대대적인 선전이 벌어지고 있다. 때마침 로마 가톨릭교회에서는 바티칸을 통하여 창조론과 진화론이 양립할 수 있다는 메시지를 발표하였다 (조선일보 2009. 2. 12). 아마도 바티칸의 지도자들은 갈릴레오(Galileo Galilei)의 지동설을 종교 재판했던 전철을 밟는 것이 두렵게 느껴질 것이다. 신학이 과학을 심판하였다가 되돌아온 반작용은 교회의 지성을 의심하게 만들 수 있기 때문에 교회는 신중한 지혜를 배워야 한다. 이 책에서 독자는 진화론의 문제에 대해서 현명한 신학적 태도를 취하는 사례를 발견할 수 있을 것이다.

본문의 의미를 더 잘 전달하기 위해서 필요한 경우 대괄호 [ ] 안에 번역자의 주를 부가하였음을 밝힌다. 이 책을 출판해 주신 도서출판 세복의 홍성철 박사께 감사한다. 그는 1997년에 이어 2008년에도 퍼거슨 교수의 강의를 통역한 바 있다.

2009년 3월
서울신학대학교 연구실에서
전 성 용

제1장
성서에 나타난 창조

✍ 서론

첫눈에 보기에 창조는 기독교 신앙의 교리들 가운데서 별로 문제가 안 되는 것처럼 여겨진다. 그것은 성서의 시작 부분에 설명되어 있다. 부모들과 교사들은 하나님의 특징을 설명하는 방법으로 그것을 어린이들에게 제시할 수 있다. 그것은 기독교인뿐만 아니라 무로부터의 창조론을 어느 정도 공유하고 있는 유대교인들과 무슬림들에게도 의미가 있다. 이런 종교적인 공동체들 밖에서도 우주의 존재와 질서를 의미 있게 만드는 창조의 개념에 여전히 동의하는 사람들이 많이 있다.

창조론은 교회사의 위대한 신학 논쟁의 중심에 있어본 적이 없다. 그것은 교회의 여러 전통들이 분리될 때 나타나지 않는다. 은총, 삼위일체, 그리스도의 인격, 성례전, 예정 등과 달리 창조론은 기독교의 분리나 이단 정죄의 원인이 되지 않았다. 정교회, 로마 가톨릭교회, 루터교회, 성공회 및 개혁교회들은 모두 다 하나님에 의한 무로부터의 세계 창조라는 고대의 교리를 주장할 수 있다.

　20세기 대부분에도 창조는 신학적인 의제(議題)에 빠져 있었다. 19세기 말과 20세기 초의 자유주의에 대한 변증법적 신학자들의 응답에 나타난 것은 죄론, 은총론 및 계시론이었다. 칼 바르트(Karl Barth)가 자연신학 위에 드리운 그림자가 아마도 많은 개신교 신학자들로 하여금 창조신학의 영역 안으로 들어가는 모험을 하기 두렵게 하였을 것이다. 그가 그렇게 할 수 없을 것이라는 비판을 받은 후에, 바르트 자신이 〈교회교의학〉(Church Dogmatics) 3부에서 가장 풍부한 창조론을 저술하였다는 것은 아이러니컬하다. 이와 비슷하게, 성서연구에서 게르하르트 폰 라드(Gerhard von Rad)가 구원사를 (조기에) 선점한 것이 창조를 구약신학의 부산물의 지위로 격하시킨 것 같이 보였다. 구약종교의 독특성에 대한 탐구는 창조에 대한 신념에 놓여 있지 않고 역사 안에서의 신적 계시에 대한 확신 안에 놓여 있다. 더 나아가서, 최근 1970년대까지 로마 가톨릭 신학자 한스 큉(Hans Küng)은 〈기독인이 되는 것에 대하여〉(On Being a Christian)을 창조의 주제에 대해 단 하나의 참고 문헌도 색인으로 다루지 않고 700페이지를 쓸 수 있었다는 것이 지적되었다.

　이제는 이것이 전부 다 바뀌었다. 기독교를 다른 종교들과의 관계, 특별히 가장 주목할 유대교와 이슬람교와의 관계에 놓아야 할 필요가 창조의 주제에 대해 변화된 태도를 가져왔다. 종교를 연구하는 과정에 있는 우등생들은 하나님의 존재에 대한 칼람(Kalam) 우주론적 논증에 노출되어 있다.[1] 환경주의자들은 생태학적 책임성에 대한 유대교-기독교 전통의 친밀성에 대해 어려

운 질문을 제기해 왔다. '정의, 평화 및 창조의 보전'에 대한 세계
교회협의회(WCC)의 계획은 세계를 위한 그리스도인의 책임에 대
해 최근 복음적인 선언을 함으로 역사적인 창조론의 진술에 주의
를 환기시켰다. 동물의 복지를 위한 점증하는 전투적인 관심은
비인간 피조물들에 대한 신학적 태도에 관한 민감한 질문들을 불
러일으켰다.

더욱이, 현대 과학은 신학적 반성을 요구하는 몇몇 문제들을
제기하였다. 우주론자들은 거의 매달 새 책을 써 내고 있는 것
같다. 물리적인 우주의 형상과 질료가 우아하고 섬세한 균형을
나타내 주는데, 그들은 그것이 우주가 지성적인 창조자를 가지고
있음을 암시한다고 논증한다. 최근의 문학은 현재의 형태로는 무
기한으로 생존하지 않을 우주 안에 있는 생명의 종국적인 운명에
대해서 사색하고 있다. 당신은 영국에 있는 딜론(Dillons)이나 워
터스톤(Waterstones) 같은 서점에서라도 우주의 최초의 3분과 마
지막 3분에 관한 책을 살 수 있다. 보다 더 적대적인 생물학자들
은 진화 과정의 임의성을 지적한다. 예컨대, 그들은 이렇게 질문
한다. 왜 하나님은 공룡을 창조하였는가? 그리고 피비린내 나고
무자비한 종들의 생존경쟁이 잘 설계된 우주의 표시인가라고 질
문한다.

여성신학자들과 과정신학자들 역시 전통적인 창조론이 하나
님-세계의 관계의 특징을 묘사하는 방식에 대해서 관심을 나타
내었다. 그것[전통적 창조론]은 창조로부터 떠난 초월하는 하나님
을 설명했다. 그것은 상호성, 사랑, 연결성 및 전체성을 위한 요구
에 해로운 하나님의 주권의 개념을 강화하였다. 그리하여 창조의

영원성이라는 고대의 이교적인 개념들의 부흥이라고 할 수 있는 하나님-세계에 대한 보다 더 철저한 내재주의적인 이해가 나타나게 된다. 내재주의를 지향하는 이 운동은 하나님이 창조된 질서 안에 새겨진 것으로 보는 광범위한 문화 운동과 관계가 있다. 뉴 에이지 운동의 통전주의와 동양적인 유형의 사고와의 공명은 유대교-기독교의 창조 이해와는 근본적으로 전혀 다른 것을 제공하는 것으로 보인다.

만약 지금까지 창조론이 비경쟁적인 신학의 항목이었다면, 이제는 경쟁하는 신학들이 전투에 가담하는 영역이 되었다. 이 짧은 연구를 통하여 나의 논증은 창조론이 명백하게 기독교 신앙의 한 조목으로 남아야 한다는 것이다. 그러나 다른 학문으로부터의 최선의 통찰과 함께 전통적인 설명의 문 앞에 놓여 있는 어떤 비판도 역시 인정하고 수용해야 한다. 이 점은 기독교 신학의 모든 연구 분야에서 결여되어 있다.

✍ 구약성서에 나타난 창조

게르하르트 폰 라드는 그의 초기 저술에서 이스라엘의 창조신학이 구원사 이야기에 종속적인 역할을 하는 것으로 묘사하는 경향이 있다. 구약성서가 창조를 말할 때는 일반적으로 역사 안에서의 야웨의 구원 행동과 연관하여 말한다. "이스라엘은 신앙 안에서 자기 자신의 선택으로부터 세계 창조를 뒤돌아보았다. 그리고 거기서부터 원래 역사의 가장 멀리 떨어진 한계로부터 구원사의 중심에 있는 자기 자신에게로 선을 그었다."[2] 아마도 가나안의 근원으로부터 유래하였던 오래된 창조 전승들은 부수적인 것으로 이해되었다. 거기에서 구원사에 대한 신앙이 이미 확립된 원리가 된 전승 위에 지혜문학의 창조신학이 포개어졌을 것이다. 창조신학은 히브리 신앙의 필연적인 내용물이라기보다는 부산물로 보는 것이 더 그럴듯하다. 20세기 초에 창조가 상대적으로 주목을 받지 못한 것은 부분적으로 구약성서에서 창조의 중대성에 대한 이러한 평가 절하를 통해서이기도 하였다.

그러나 보다 최근의 연구는 구약성서의 창조신학이 이 종속적인 지위를 할당 받을 수 있는 것인지 아니지에 대해 질문하였다.[3] 우리는 정경이 통합하려고 분투하는 두 개의 분명한 표현들을 가지고 있다고 할 수 있다. 창조신학을 구속신학의 부산물로 보려는 어떤 시도라도 고대 근동의 모든 문화들이 그들의 신화와 제의에서 광범위하게 창조를 다룬다는 관찰을 고려해야 한다. 창조에 몰두하는 것은 본래 세계의 기원과 생명의 원천을 설명하고자 하는 욕구가 아니었다. 세계의 질서는 해마다 새로워지기를 요구하였다. 인간의 삶은 이 우주적인 조화의 신적 유지에 의존하였다. 더 나아가서 이 질서는 인간사에로 연장되었다.

왕들의 시편에 따르면, 본래적인 창조의 질서는 왕을 통해서 그의 백성에게 중재된다. 왕은 하나님의 통치를 반영하여, 하나님처럼 정의를 집행하고 국가의 적들을 패퇴시킴으로 질서를 유지한다. 사회적 정의와 번영은 하나님의 통치 하에서 유일한 우주적 조화의 특징들이다. "법, 자연 및 정치 등은 창조의 포괄적인 질서의 단면들일 뿐이다."[4] 국가의 안보, 그 법적인 규범의 준수,

그리고 그 사회적 경제적 번영은 모두 다 존중되고, 소중히 여겨져야 되고, 유지되어야 하는 창조된 질서의 부분들일 뿐이다. "하늘이 기뻐하며, 땅이 즐거워하게 하라....그가 땅을 심판하러 오시나니, 그가 공의로 세상을 심판할 것이요, 그의 진리로 그 백성들을 심판하시리라" (시 89:9~11, 19).

종교사 연구는 창조 이야기들이 가장 오래된 문화들 안에서 전 세계적으로 발견되었음을 보여 주었다. 창조 신화들은 세계의 기원을 묘사할 뿐만 아니라 자연적, 사회적 조화의 유지를 낭독하고 연기함으로 확실하게 하는 기능을 가지고 있다. 세계 안에서 우리의 자리를 발견하고, 우리가 누구이며 어디서 왔는지 이해할 수 있게 하는 뿌리를 발견하기 위해서 우리는 창조 이야기들을 필요로 한다. 페타조니(R. Pettazoni)는 창조 신화의 사회인류학적 기능에 대한 그의 저술에서 이렇게 썼다. "신화의 올바른 가치는, 인간의 삶과 사회에 가장 근본적인 것이 무엇인가에 대해서 그것이 주는 필요하고 충분한 정당성 안에 있는데, 그것[정당성]을 그 신화에 의해서 기록된 근거의 원초적인 행동에 연관시킴으로 그렇게 한다....세계의 기원에 대한 신화의 낭독은 우주의 견고성과 지속을 실현하고 보증한다."[5]

창조 신화들의 보편성도 유사성도 기독교 신학을 난처하게 하지 않는다. 우리는 고대 히브리 창조 이야기 안에 있는 독특한 요소들을 미친 듯이 찾아내고 싶은 유혹을 거부해야 한다. 독특성은 인내심 있는 강해를 통해서 불가피하게 나타날 것이다. 왜냐하면 대부분의 종교에서 하나의 신앙 조목은 다른 모든 신앙 조목들에 의해서 규정되기 때문이다. 이런 점에서, 성서의 창조

기술은 다른 성서적 주제들과 통합됨으로 그 자신의 독특성을 보살필 수 있을 것이다. 교회의 창조론이 다른 전승들과 유사성을 공유하는 곳이든지, 아니면 밖으로부터 빌려온 증거를 보여 주는 곳이든지 어느 경우라도, 우리는 하나님과 인간 실존에 대한 근본적 질문들은 창조 질서의 어느 한 부문에 국한되지 않는다는 것을 인정할 수 있다.

우주적 질서라는 주제는 초기 왕정시대의 이스라엘의 삶에 이미 현존하였다. 야웨는 다윗과 계약을 맺었으며, 예루살렘을 신적 거주지로 선택했다.[6] 시편 89편은 출애굽 전승에 대해서 침묵하고 있으나 혼돈으로부터의 세계 창조와 더불어 다윗의 즉위를 축하한다 (삼하 7장). "주께서 바다의 파도를 다스리시며 그 파도가 일어날 때에 잔잔하게 하시나이다. 주께서 라합을 죽임 당한 자 같이 깨뜨리시고 주의 원수를 주의 능력의 팔로 흩으셨나이다…. 주께서 환상 중에 주의 성도들에게 말씀하여 이르시기를 '내가 능력 있는 용사에게는 돕는 힘을 더하며 백성 중에서 택함 받은 자를 높였으되 내가 내 종 다윗을 찾아내어 나의 거룩한 기름을 그에게 부었도다'" (시 89:9, 10, 19, 20).

창조 질서에 대한 근동 지방의 시각의 맥락이 예언문학에서 많이 발견되는 것을 위한 배경이라고 논증할 수 있을 것이다. 이와 관련하여 구원사 이야기가 우주의 이야기와 꼬여서 짜이게 된다. 예레미야는 역사에 대한 하나님의 지배는 창조자로서의 하나님의 정체성에 의해서 강조됨을 인지한다. "주 여호와여 주께서 큰 능과 드신 팔로 천지를 지으셨사오니 주에게는 능치 못한 일이 없으시니이다" (렘 32:17).

아마도 성서의 처음 시작하는 장들을 제외하고는, 창조신학은 제2이사야서의 포로시대의 기록들 가운데서 가장 심오한 표현을 발견할 것이다. 야웨의 위대함과 견줄 수 없음은 홍해를 통과해서 이스라엘을 인도하심과 세계의 창조 이 두 가지에서 볼 수 있다. 이렇게 창조와 구원은 통합되었다. 그것은 단지 보조적인 주제로서의 창조가 미리 형성된 구원사 신학에 결합된 것이 아니다. 새로운 미래의 비전이 창조 주제들에 의해서 형성된 것이다. 야웨의 능력과 은총은 이스라엘뿐만 아니라 모든 국가들을 품어 안는다. 그리하여 이스라엘의 희망은 다른 백성들에게만이 아니라 비-인간적인 창조에까지 연장된다. 이것은 변모된 창조의 묘사와 함께 제3이사야서에서 발전된다. "이리와 어린 양이 함께 먹을 것이며 사자가 소처럼 짚을 먹을 것이며 뱀은 흙을 양식으로 삼을 것이니" (사 65:25).

이 자연과 역사 양자의 변모의 시적인 서술은 적어도 두 가지 측면에서 현대적이다. 현대 과학을 통해서 우리가 이제 아는 우주는 그 안에서 인간역사의 연극이 공연되는 정적인 공연장이 아니다. 우주는 빅뱅(big bang)으로부터 대축소(big crunch) 또는 마지막 연소(burn out)까지 그 자신의 역사를 가지고 있다. 그것은 저 역사의 과정에서 어떤 극적인 변화들을 겪었으며 그리고 더 많은 변화들을 겪게 될 것으로 기대될 수 있다. 우리 자신은 더 큰 역사의 일부이다. 우리의 인간 역사는 창조 이야기 안에 자리하고 있다. 우리의 정체성과 운명은 저 우주의 그것과 따로 떨어져서 이해될 수 없다. 이와 관련하여, 구속된 세계 안에서 자연과 인간 역사의 통합은 어떠한 현대 종말론일지라도 필연적으로 갖추어야 할 모습이다. 더구나, 보다 더 넓은 구조 안에서의 인간의 구속의 위치는 신학에서의 배타적인 인간중심주의에 대해 경고할 수 있다. 세계는 단지 인간만을 위해서 만들어지지 않았다. 다른 피조물들도 하나님의 창조와 최후의 목적 안에 그들의 자리를 가지고 있다. 이 점은 텔레비전 연속물 "영혼"(The Soul)에서 안젤라 틸비(Angela Tilby)에 의해서 잘 다루어졌다.

> 우주를 인간의 모험을 위한 배경으로 보기보다는, 우리는 우리 자신을 우주의 모험의 일부로 보아야 한다. 전체 우주가 모험이요, 우주가 단지 우리의 여행의 일부라기보다는 우리 인간의 여행이 우주의 일부이다. 이것의 이중적인 효과, 즉 우리는 우주의 과정 안으로 되돌아가며, 동시에 우리의 한계에 대한 새로운 인식으로 겸손해지는 것이다. 우리는 거기 있는 것에 속하지만 거기 있는 모든 것은 아니다. 우리는 여기 있지만 그러나 그것이 단지 우리만을 위해서 만들어진 것은 아니다.[7]

비록 시편과 예언서 안에 창조에 대한 자료가 풍부하게 있지만, 유대교-기독교의 창조론에 대한 접근을 지배한 것은 창세기의 처음 몇 장이다. 클라우스 베스터만(Claus Westermann)은 그의 창조 신화의 유형론에서 세계의 종교 전승들에서 발견되는 네 개의 광범위한 유형을 구별한다. 이것은 출생에 의한 창조, 투쟁이나 승리의 결과로서의 창조, 하나님의 행동에 의한 창조, 그리고 말씀을 통한 창조이다.[8] 창세기의 첫 장에는 출생에 의한 창조나 투쟁을 통한 창조라는 첫 번째나 두 번째 유형의 흔적은 찾아볼 수 없다.

고대 근동 전승들 안에 있는 그 전후 관계에도 불구하고, 창세기의 설명은 상당히 주목할 만한 차이를 드러낸다. 수메르 신화에서, 세계는 신들의 출생을 포함하여 연속적인 출생을 통하여 존재하게 된다. 그러나 구약성서에서는 세계의 창조를 가져올 중재적인 신들을 필요로 하지 않는다. 우리가 이 관념에 가장 가까이 갈 수 있는 것은 지혜의 매개 관념이다. 비록 아리우스(Arius)가 나중에 잠언 8장 22절—여호와께서 그 조화의 시작 곧 태초에 일하시기 전에 나를 가지셨으며—을 부당하게 이용했지만, 지혜는 세계를 창조하기 위하여 창조한 두 번째 신이라기보다는 하나님의 술어로 생각하는 것이 더 나은 것으로 명백한 것 같다.

창조를 투쟁이나 승리의 결과로 보는 유형은 바빌로니아 창조 신화에서 지배적인 주제이다. 거기에서 마르둑(Marduk)은 그가 살해한 바다-괴물 티아맛(Tiamat)의 몸으로 세계를 창조한다. 이 주제의 단서들이 형체가 없는 공간과 깊음의 표면을 덮은 흑암과 연관하여 이사야 27장, 시편 74편, 욥기 26장 및 창세기 1, 2장에 있다. 여기에서 원시적인 혼돈의 현존은 하나님의 창조적 활동에 선행하며 위협적인 것처럼 보인다. 그러나 이 투쟁의 반항들에도 불구하고, 창세기에서의 창조는 존재에로 부르심을 받은 것에 대한 하나님의 능력을 반영하는, 거의 노력할 필요가 없는 활동이다.

구약성서에서 창조자와 창조 사이의 날카로운 구별은 창세기 1장에서 말씀을 통한 행동과 창조라는 창조 개념을 보다 더 크게 두드러지게 할 필요가 있다. 창세기 1장에는 빛과 어두움, 땅과 바다의 분리라는 분리의 행동을 통해서 창조가 일어난다. 이것은 하나님의 말씀을 통한 창조와 긴밀하게 연결되어 있다. 이 분리의 행동들은 이것이 일어나야 한다는 명령을 따른다. 유사한 주제들이 시편 33편 9절과 이사야 48장 13절에서 발견된다. 어느 해설자가 말한 것처럼, 창조는 명령과 집행 사이의 양식상의 연결이 있는 일련의 말씀–성취 사건들을 통하여 일어난다.[9] 이것은 창세기 6장 22절의 홍수 이야기에서도 역력하다. 하나님의 독립성과 주권이 이 이야기 안에 깊이 새겨져 있다. 거기에서는 어떤 투쟁도 일어나지 않는다. 하나님은 자연 안에서 수고하는 그 어떤 세력과도 동일화 되지 않으신다. 거기에는 땅이나 하늘이나 태양의 신격화가 없다. 하늘과 땅의 창조에서의 하나님의 지고의 인격적인 주도권은 나중에 하나님이 노아와 아브라함과 그리고 그의 자손들과 체결하게 되는 계약들에 의해서 평행이 된다.

브레바드 차일즈(Brevard Childs)는 그의 최근 저작 〈구약과 신약의 성서신학〉(Biblical Theology of the Old and New Testament)에서 이스라엘의 세계관은 하나님과 창조 사이의 예리한 구별을 그리는 세계관이라고 말한다. 자유롭게 창조된 물질계는 신적이거나 악마적인 요소들이 제거되었다. 그러므로 시편 기자는 하늘이 하나님의 영광을 선포한다고 주장할 수 있지만, 그러나 "언어도 없고, 말씀도 없으며, 들리는 소리도 없다" (시 19:3).[10] 차일즈는 하나님의 초월성과 세계의 타자성에 대한 이 강조는 어떤 형태의 범재신론일지라도 그것에 대해서 의문을 제기한다고 논증한다. 이 대중적인 이론은 하나님이 전적으로 이 세계 안에 내재하시는 존재라는 것이다. 군주적 유형의 하나님에 대한 비판은 많은 신학자들로 하여금 하나님의 전적인 세계 내재를 주장하도록 인도하였다. 그러나 이것은 하나님과 세계에 대한 성서의 구별과 하나님과 창조 사이의 상호작용 방식에 대한 성서의 인식에 중심적인 존재론적 구별을 무시한다. 만약 하나님-세계 관계의 다른 하나의 건설에 호의를 가지고 그것[하나님과 창조의 구별]을 제거하면, 이 구별 안에 있는 많은 것이 위험해지고, 많은 것이 상실된다. 나는 나중에 이런 이유 때문에 최근의 생태여성신학은 후기기독교(post-Christian)의 궤적 위에 고정되었다고 논증할 것이다.[11]

우리는 창세기 안에 최종적인 정경의 형태로 결합된 서로 다른 강조점을 가지고 있는 두 창조 이야기들을 가지고 있다는 것이 명백하다. 구약성서 연구는 이 두 창조 이야기의 대부분을 오경 안에 있는 P와 J라는 가닥들에 할당하였는데, 이것은 즉 제사문서(Priestly)와 야웨문서(Jahwistic) 저자들이다. 최근의 유명한 주석에서는 다음과 같은 방식으로 서로 다른 문체의 특징이 묘사되었다. "J는 선명한 신인동성동형론, 생생한 이야기하기 및 창조적인 신학적 비전 (약속, 성취의 역동성) 등으로 표시된다. J는 아마도 솔로몬의 계몽에 대한 응답에서 옛 전승들을 똑똑하게 표현하였으며 ...P는 명백하게 표시된 또 하나의 가닥이다. 그것은 제사와 예배 의식 문제에 관심이 있으며 (레위기), 족보에 흥미가 있으며 (창세기), 신명기의 '이름'신학과는 대조적으로 영광과 성막 예배에 연관하여 하나님의 현존을 말한다" (출 16:10; 40:34~8).[12]

J기사는 대략 BC 1000년경 솔로몬 시대에 시작되었으며, 반면에 P기사는 대략 BC 550년경 바벨론 포수기에 시작된 것으로 생각된다. 정경에 있는 이 전승들의 시기와 발전 과정을 추적하는 시도는 불가능한 과제는 아닐지라도 복합적인 것이다. 비록 이

문제들이 중요하지 않은 것은 아니지만 그것들은 현재의 맥락에서는 이차적인 중요성을 가진 것으로 간주되어도 좋을 것이다. 왜냐하면 신학적인 관점에서 볼 때, 우리는 전체로서의 정경 안에서 이야기들의 기능에 대하여 질문해야 하기 때문이다.[13]

확실히 현대 독자를 이런 본문들로 인도하는 흥미 있는 질문들은 얼마든지 있다. 이런 관심사 가운데 가장 명백한 것이 창조의 6일간이다. 이것은 19세기에 교회 안의 많은 말다툼의 원인이었다. 스코틀랜드에서 이 당혹의 명백한 표징은 연합장로교회 총회의 1879년의 선언적 강령(Declaratory Act)이었는데, 그 마지막 문단에서 웨스트민스터 신앙고백을 견지하면서, "'6일간'을 창조의 모자이크식의 기술이라고 해석하는 것과 같이 신앙의 실체 안으로 들어가지 않으면서…그런 점들에 대한 의견의 자유가 허락된다"라고 하였다. 창조의 6일과 어셔(Ussher) 대주교가 우주의 [창조] 시기를 BC 4004년이라고 하는 것은 18세기 말부터 문제가 있음을 알게 되었다. 찰스 라이엘(Charles Lyell) 같은 학자들의 지질학적 연구는 세계는 보다 더 오래되었음이 틀림없으며, 점진적인 변형의 긴 과정들을 통해서 현재의 형태에 이르게 되었다고 제안하였다. 이런 통찰들을 기독교 신학 안에 수용하기 위하여 유명한 작가 휴 밀러(Hugh Miller)는 창세기의 '날들'은 정해지지 않은 길이의 긴 기간이었다고 제안하였다.[14]

그러나 6일에 대한 문자주의적인 읽기가 고대의 기독교 전통을 지배했다고 가정하는 것은 틀렸을 것이다. 반대로 이것은 아마도 현대의 비정상적인 이해라고 보아야 할 것이다. 고대 교회의 신학자들은 자주 인정된 것보다는 훨씬 더 세련되었다. 창조 이야기의 처음에 나오는 궁창의 본질과 위치는 주석가들을 골치 아프게 하였다. 땅이 있기 전에 하늘이 있을 수 있는가? 창조의 6일간은 거의 문자적으로 이해될 수 없었다. 왜냐하면 태양과 땅이 만들어지기 전에 낮과 밤이 존재했다고 주장했기 때문이다. 더구나 첫째 날에 창조된 빛은 넷째 날에 존재하게 된 태양의 빛이 될 수 없다. 따라서 어거스틴(Augustine)은 이 빛을 천국의 영적인 빛, 천사 같은 존재들을 둘러싼 빛으로 간주하였다. 창세기의 처음에 나오는 하늘은 영원한 영적인 '하늘의 하늘'이며 땅은 질서나 어떤 시간적인 연속의 과정이 결여된 형체가 없는 질료이다. 어거스틴은 이 최초의 하늘과 땅의 창조는 첫째 날보다 앞서며 비-시간적인 것으로 간주되어야 한다고 논증하였다.[15] 창조의 '날들'은 알지 못하는 시간의 기간을 언급한다. "그것들에 대해서 묘사하는 아무런 말도 없이 이것들이 무슨 종류의 날들이냐를 우리가 상상하는 것은 어렵거나 심지어 불가능하다."[16]

과학적인 어려움에도 불구하고, 창세기 이야기의 직설적인 문자주의적 독서는 서로 다른 강조와 주제를 가진 두 개의 서로 다른 창조 이야기의 정경적인 병렬에 의해서, 이야기에 있는 신화적 요소들에 의해서 (특별히 J), 그리고 다른 고대 근동 문화들에서 특징적인 자료들의 각색에 의해 이미 부당하게 여겨졌다. 저자(들)의 종교적 선포는 대단히 원시적인 우주론의 개념으로 넌지시 말하였는데, 우리는 후자[원시적 우주론]를 현대 과학과 조화시키려고 시도함으로 전자[종교적 선포]를 구해 내려고 해서는 안 된다. 창세기 1장이 학교와 주일학교에서 가르쳐진다는 것을 처음부터 분명히 할 필요가 있다.

럿셀 스테나드(Russell Stannard)는 그의 최근의 라디오 4부작 연속물 "과학과 경이"(Science and Wonders)에서 십대의 어린이들이 옛날의 종교적 확신들 속에서 자라나는 방식을 탄식한다. 이것의 중요한 원인들 가운데 하나는 그들이 물리와 생물 시간에 배우는 과학이 하나님의 세계 창조에 대해서 초등학교에서 배우는 이야기들과 모순되는 것으로 보인다는 것이다.

> 종교는 일반적으로 당신이 거기에서 영향을 받고 자라나는 그 무엇이라고 주장된다. [삶의] 의미와 목적에 관한 문제나 우리 인간을 전체 그림의 어디에 맞추어야 하는가 등의 삶의 큰 문제들에 부딪친 우리는 과거에 그랬던 것처럼 종교를 쳐다볼 것이 아니라 과학을 바라보아야 한다. 비록 우주의 신비에 직면할 때 사람들은 여전히 놀라움과 경이 감각을 유지하고 있지만, 예배의 감각이 이끌어가는 것은 종종 하나님으로부터 과학으로 대치되었다.[17]

스코틀랜드 교육부의 초등학교 종교 과목 강의 계획표에서 그렇게 주장한 것은 이 때문이었다. 그것은 초등학교 5학년 이후에는 성서의 창조 이야기는 문자적 의미로 믿을 필요가 없다고 가르쳐야 한다고 주장한다. "이 단계에서 유용한 접근은 단순하게 이 세계가 어떻게 그리고 왜 시작되었는가라는 인간의 질문들에 대해 어떻게 그 이야기가 관계가 있는가를 보여 주는 것이다. 창세기 1장의 리드미컬하고 시적인 효과는 아담과 하와 이야기로부터 인간의 본성에 관하여 교훈을 배울 수 있는 것이다."[18]

아마도 우리의 현재의 교육의 모습에 관해서 유감스러운 것은 어린이들에게 가장 잘 알려진 성서의 구절들은 신구약 성서에서 처음 시작하는 일련의 이야기로 구약의 창조 이야기와 신약의 성탄절 이야기이다. 이 시작하는 장면들과 그 다음에 오는 장면들을 연결하지 못하는 것은 계약사 안에서 지속되는 하나님의 활동으로 연결되지 못하게 만든다. 구약성서를 위해서 창조론은 단지 어떻게 세계가 굴러가느냐에 대한 설명이 아니다. 그것이 역사 가운데 첫 번째 에피소드이다. 그것은 앞으로 노아, 아브라함, 모세를 다루시는 그 이상의 하나님의 주도권을 가리킨다. 차일즈는 창세기 1~2장의 정경적 형태는 우리를 인류와 그의 역사로 안내한다는 점을 지적한다.[19]

최초의 행동과 계속적인 창조로서의 창조는 성서를 위한 보완적인 주제들이다. 계속적인 창조는 최초의 창조의 행동을 대체하기보다는 그것으로부터 생기는 것이라고 강조될 수 있다. 창조는 계속되는 것인데, 그 안에서 최초의 행동은 이미 아직 성취되지 않은 목표를 가지고 있다. 창조는 시작부터 생성의 특징을 가진다.[20] 게다가, 하나님의 계속되는 활동은 역사뿐만 아니라 자연으로 확장된다. 본래적인 창조의 행동과 끝없는 우주의 보존 둘 다 있다. 하나님은 그가 창조한 질서 안에서 창조를 보존하신다. 이것은 노아언약의 특별한 주제인데, 그것은 무지개로 표시된다. 낮과 밤의 변화와 계절의 연속은 하나님의 보존하시는 질서를 나타낸다 (시편 74:16f.; 136:8). 그것은 또한 하나님이 각각의 개인적인 피조물을 보살피고, 그들에게 음식과 물을 공급하는 것을 포함한다 (신 11:12~15; 렘 5:24; 시 104:13f.; 145:15f.). "주의 영을 보내어 그들을 창조하사 지면을 새롭게 하시나이다" (시 104:30).[21]

주석가들은 성서의 첫 구절의 의미에 대해서 논증한다. 제일 첫 번째 단어인 히브리어로 **베레쉬트**(bereshith: 태초에)의 의미에 대한 주석에서 어려움이 발생한다. 그것은 문법적인 관례에 의해서 어떤 사건이나 대상을 지배하는 표현인데, 어떤 것이 시작하는 것을 뜻한다. 이 문법적인 문맥에서 볼 때, 전통적인 유대교와 기독교 번역에서 '태초에'는 변칙적이다. 이 문제는 NRSV판 영어성경의 번역에서 제시되는 다른 연주(rendering) 안에 반영되어 있다. 세 가지 대안이 제시되었다. 이것들은 하나님이 창조하시는 처음에; 하나님이 창조하기 시작하셨을 때; 태초에 하나님이 창조하셨다 등이다. [이 문제는] 우리가 이 문맥을 어떻게 판단하느냐에 달렸다. 하늘의 창조가 더 이상 언급되지 않는다는 사실은 전통적인 해석이 옳다는 것을 암시하는 것일 수 있다. 그것은 하나님이 행하신 것의 위엄 있는 요약이다. 그러나 이것은 우리를 지체하게 하지 않는다. 왜냐하면 신학적으로 그것은 거의 차이가 없기 때문이다. 우리가 어떻게 히브리어를 해석하든지간에, 우리는 여기 창세기 1장 1절에서 무로부터의 창조에 대한 명시적인 진술을 찾을 수 없다. 그 이유는 무형의 공허로서의 땅은 하나님의 창조적 행동의 결과일 수 없기 때문이다. 질서는 하나님의 말씀의 결과이다. 무형의 공허는 질서의 정반대이며, 어떤 의미에서 원초적인 창조의 행동에 선재하는 것으로 생각되어야 한다. **토후 와보후**(Tohu wabohu: 혼돈과 공허)는 구약성서의 다른 곳에서는 사막이나 광야를 가리키는 표현이다 (사 34:11; 렘 4:23 참조). 그것은 창조의 질서와 대조된다. 유대교와 초기 기독교 신학자들은 창세기 1장 1절을 무로부터의 창조를 함축하는 것으로 이해하지 않았다. 왜냐하면 많은 사람들은 이 구절을 플라톤(Plato)의 〈티마에우

스)(Timaeus)에서 이미 존재하는 질료로부터의 창조를 말하는 것
과 전적으로 양립하는 것으로 간주하였기 때문이다. 중세기에 유
대교 신학자 게르소니데스(Gersonides)는 "바다는 어떠한가?"라고
지적하는 질문을 하였다. 하나님이 천지를 창조하였을 때 바다가
이미 존재했다면 창조의 이 불합리한 요소는 어디에서 왔는가?

✍ 하나님의 형상과 지배의 문제

　다음으로 전통적으로 관심 있는 논쟁을 하는 해석 가운데 하나
님의 형상으로 창조된다는 것이 무엇을 의미하는가 하는 문제가
있다 (창 1:26~27). 구약성서의 맥락에서 하나님의 형상과 모양이
라는 표현에 대한 조심스러운 주석은 이것이 죽지 않는 영혼이나
마음을 소유하는 것과 동일화될 수 없다는 것이다. 필로(Philo)에
게 "형상"이라는 단어는 육체를 지배하는 마음(mind)을 간주하는
것으로 받아들여졌다. 하나님의 마음과 세계와의 관계와 유비적
인 방식으로 인간의 마음은 몸과 관계가 있다. 이 유비적 유사성
은 인간의 마음속에 하나님께 돌아가려는 욕망을 만든다.[22] 그러
나 그런 본문 읽기는 플라톤주의의 왜곡된 영향을 드러낸다.
　기독교 인간학에서 두드러지게 다루어짐에도 불구하고, 구약
성서는 하나님의 형상으로 창조된 인간에 대해서 매우 적게 말한
다. 우리는 성서의 첫 세 장이 정경 안에 있는 다른 주제들을 희생
하고 교회의 신학적 전통에 과도하게 영향을 행사하였다고 논증
할 수 있을 것이다. 의심할 것 없이, 하나님의 형상에 대해 남아

있는 언급은 십계명에서 새긴 형상이나 우상의 금지와 관계된 것이다 (출 20:4; 신 5:8에서 temunah라는 개념이 사용된 곳).

창세기 1장 26절에 나타나는 히브리어 **셀렘**(selem: 형상)은 필로가 제시한 플라톤적 의미보다 훨씬 강하게 육체적인 의미로 읽혀야 한다. 다른 곳에서 이 히브리어 단어는 구체적이고 가시적인 것을 언급하는데, 예컨대, 벽에 그려진 그림 (겔 23:14) 또는 신의 동상 (왕하 11:18; 단 3:1) 등이다. 비록 "모양"(demuth)에 대한 언급이 더욱 더 추상의 방향으로 움직일지라도,[23] 우리는 히브리 인간학의 통전주의를 피할 수 없다. 정신적-육체적인 존재로서 아담은 하나님의 주도권에 응답함으로, 그리고 하나님의 자리에서 행동함으로 하나님의 형상이 된다. 게르하르트 폰 라드는 이렇게 쓴다. "강력한 지상의 왕들이, 그들의 지배권을 표시하기 위해서 그들이 개인적으로 나타날 수 없는 제국의 지역 안에 그들의 형상을 세우는 것처럼, 인간은 하나님의 주권의 표상으로서 하나님의 형상으로 지상에 세워진다."[24]

인간의 기능은 비인간의 창조에 대한 하나님의 지배를 실행하는 것이다. 창세기 1장 26~27절은 시편 8편 3절 이하에서 주해가 되는 것 같은데, 이것은 구약에서 이 주제에 대한 매우 드문 발전이다. "사람이 무엇이기에 주께서 그를 생각하시며 인자가 무엇이기에 주께서 그를 돌보시나이까? 그를 하나님보다 조금 못하게 하시고 영화와 존귀로 관을 씌우셨나이다. 주의 손으로 만드신 것을 다스리게 하시고 만물을 그의 발아래 두셨으니." 우리에게 주어진 높은 지위는 하나님이 지으신 것에 대한 우리의 지배 안에 반영되어 있다. 그러므로 하나님의 형상은 죽지 않는 영혼의 소유라는 개념에서 실체적으로 이해되어서는 안 되며, 인간이 하나님 앞에서 그리고 나머지 창조 앞에서 행하는 역할 가운데 관계적으로 이해되어야 한다.

그러나 이 의도된 하나님 형상론의 구조는 또 다른 문제를 야기할 뿐이다. 인간에게 부여된 창조의 지배권은 생태학적으로 비위에 거슬리는가? 우리는 여기에서 린 화이트(Lynn White)가 1967년에 발표한 그의 중요한 논문에서 유대교-기독교 전통은 창조 질서에 대해 허가받은 착취적이고 우월적인 태도를 가진다는 비난의 출처를 가지고 있다.[25] 아담이 "진정으로 유일한 하나님의 대리자이며 땅에 대한 하나님의 지배권을 유지하고 강화하기 위해 부름 받았다"는 폰 라드의 주석을 오늘 읽을 때 우리는 본능적으로 심기가 불편하다.[26]

주석가들 가운데 표준적인 반응은 지배란 공격적인 착취가 아니라 책임적인 청지기직으로 이해되어야 한다는 것이다. 그러므로 버나드 앤더슨(Bernhard Anderson)은 다음과 같이 주장한다.

> 하나님의 형상으로서의 인류의 특별한 지위는 다른 사람에 대한 관계에서 뿐만 아니라 자연과의 관계에서 책임으로의 부르심이다. 인간의 지배는 제멋대로가 아니라 지혜롭고 자비롭게 실행되어서 그것이 어느 정도 창조에 대한 하나님의 지배의 표징이 될 수 있다. 어떤 이스라엘의 율법들은 부주의한 피해와 자연의 손상에 대해 제한을 둔다. 예를 들면, 어미새를 취하지 못하게 하는 법 (신 22:6), 또는 곡식 떠는 소에게 망을 씌우지 못하게 하는 명령 (신 25:4), 또는 나무에 대한 관심 (신 20:19~20) 등이다.[27]

그러므로 우리는 지배를 하나님의 형상의 실체적인 의미라기보다는 관계적인 의미를 강조하는 친절한 청지기직으로 해석할 수 있다. 인간에게 주어진 독특한 역할은 창조를 보살피고 보존하는 관계성의 측면에서 이해되어야 한다. 그들과 하나님과의 관계는 세계 안에서 성실하고 책임적으로 행동하고, 피조물이 그것을 만드신 자에게 찬양을 드려야 한다는 의무를 가져온다.[28] 우리는 하나님의 능력의 기독론적 건설과 하나님의 형상의 담지자로서의 그리스도의 개념 역시 이런 방향으로 인도한다는 것을 부가할 수 있다. 능력은 오직 자기-희생적 사랑을 통해서만 행사되어야 한다. 그러므로 기독교 복음의 중심에서 힘의 차취적인 모델에 대한 비판과 이전의 지배의 개념들에 대한 어떤 방식의 변화가 놓여 있다.[29]

또한 창세기 1장 28절에서 사용된 히브리어 라다(radah: '다스리라'로 번역됨)는 기본적으로 '떠돌다'는 의미를 가지고 있다고 주장되었다. 이 말의 어원적인 의미는 '동반하다,' '목양하다,' '안내하다,' '인도하다,' '지배하다' 및 '명령하다' 등을 포함한다. 그러므로 지배의 의미는 적어도 이 구절에서는 목양한다는 맥락에서 이해되어야 한다.[30] 인간은 무자비한 폭군의 지배가 아니라 친절하고 환경-친화적인 개념에서 창조의 목자가 되었다는 의미에서 창조를 지배해야 한다.

어떤 학자들은 창세기 1장 26~30절에서 인류는 고기를 먹도록 허락되지 않았다고 논증해 왔다.[31] 이것은 오직 창세기 9장 3~4절에서 홍수 이후에 인정되었다. 이상적인 것은 채식주의이다. 동물의 창조에 대해서는 어떠한 강제도 실행되지 않을 것이다. 오직 홍수 이후에 타협이 일어난다. 창세기 1~11장 부분에 대한 이러한 읽기는 이 본문들을 견고하게 이스라엘의 포로 생활 이후의 상황 안에 붙들어 맨다. 창세기 1장은 인간 사회의 이상과 종(種, species)들 사이의 조화에 의해서 표시되는 구속된 창조를 묘사함으로 예언적 본문이 된다. 그리하여 그것은 이사야 65장 17~25절과 같은 예언적 구절들과 공명하는데, 그것은 그 안에서 동물들도 더 이상 서로를 잡아먹지 않는 건강하고 자연적인 풍요의 새로운 시대를 전망한다. "이리와 어린양이 함께 먹을 것이며, 사자가 소처럼 짚을 먹을 것이며, 뱀은 흙을 양식으로 삼을 것이니, 나의 성산에서는 해함도 없겠고, 상함도 없으리라. 여호와께서 말씀하시니라."

물론 이것은 정경 안에 있는 단 하나의 가닥에 불과할 것이다. 그러나 비록 이것이 육식을 허용한 다른 정경에 의해서 억압을 받은 소수파의 견해라고 할지라도, 자연에 대한 하나님의 보살핌(그리고 그것을 위한 인간의 책임성)은 반복적인 특징을 보여 준다. 창세기 2장의 이야기는 아담을 하나님의 선한 동산 관리인이라고 한다. 하늘의 무지개에 의해서 표시된 노아와의 계약은 "모든 육체를 가진 모든 생물들을 포함한다" (창 9:8~17).

청지기직 개념의 어려움은 그것이 어떤 논평자들에게 너무나 인간 중심적인 것으로 남아 있다는 것이다. 인간을 양떼에 대한 목자나 일정한 재산의 경영자처럼 묘사하는 것은 나머지 창조를 우리의 이익을 위해서 우리에게 주어진 것으로 제시해 준다. 하여튼 청지기직의 모델은 저 위험을 동반한다. 그것은 창조가 우리와 우리의 이익을 위해서 이루어졌다는 것을 너무 쉽게 암시해 준다. 그리하여 우리는 인간중심주의라는 현대적인 이단을 가지게 된다. 루스 페이지(Ruth Page)는 다음과 같이 논증하였다.

> 청지기직의 현대적 중요성을 의심할 수 없다. 왜냐하면 우리는 혼란으로부터 우리의 길을 찾아내야 하기 때문이다. 그러나 신학에서 그러한 강조는 인간성으로부터 하나님 아래 있는 자연계의 독립을 찬양하는 것에 의해서, 그리고 우리의 동료 피조물들에 대해서 동료-감정(관리-감정이라기보다는)을 표현함으로 보완될 필요가 있다. 왜냐하면 우리 모두는 다 창조의 일부분이기 때문이다.[32]

그러나 이것을 명확히 알아보기 위한 성서와 전승의 자료들이 있다. 세계가 오직 우리만을 위해서 만들어졌다고 가정하는 것은 틀렸을 것이다. 시편 104편은 야웨가 그의 모든 피조물들을 만들고 그의 모든 다양한 작품들 안에서 기뻐했다고 말한다. 욥기 39~41장은 하나님이 분명한 유용성이 없는 피조물들을 기뻐하신다고 말한다. 창세기 1장의 창조 이야기는 각각의 창조의 단계에서 하나님은 그것이 보기에 좋았다고 기록한다. 창조된 것들의 선함은 인간의 사용을 위한 어떤 도구적인 가치를 가지고 있음에 있지 않다. 그들의 선함은 그들 자신의 존재 안에 그리고 창조의 전체적인 조화 안에 있는 그들의 위치에 놓여 있다. 제랄드 맨리 홉킨스(Gerald Manley Hopkins)는 "내적 본질"이라는 개념을 사용하면서 창조된 것들의 가치를 표현하려고 하였다. 이 단어는 1868년부터 1875년 사이에 그가 발간한 저널 안에 거의 50회나 등장한다.[33] 이 개념은 구별되고 전형적인 특별히 아름다운 것에 적용된다. 내적 본질은 다양하게 사용되지만, 그러나 창조된 것들의 개별성과 구별성 양쪽에 적용되었으며 그리고 또한 그것들의 외적인 형태와 디자인, 보다 더 넓은 목적을 위한 공헌 등에 적용되었다. 내적 본질은 그의 시에 표현되었는데, 그 멜로디는 음악에 표현되었고 디자인은 그림에 표현되었다. 시인과 성직자로서 홉킨스에게 세계의 아름다움은 그리스도 안에서 전시된 하나님의 아름다움에 대한 증언을 담지한다. 젊은 초보자로서 그는 "나는 내가 본 일종의 초롱꽃보다 더 아름다운 것을 본 적이 없다. 나는 그것을 보면서 우리 주님의 아름다움을 안다. 그 내적 본질은 힘과 은총의 혼합물이다." 그의 시의 신학은 그로 하여금 모든 것 안에 내주하시는 하나님과 또한 그[그리스도]를 통해서 그리고 그를 위해서 모든 것이 만들어진 분이신 그리스도에 대한 그들의 증언을 볼 수 있게 한다.

다음으로 우리는 또한 창조의 최고의 순간은 아담과 하와의 창조가 아니라 그 위에서 전체 창조가 그 만드신 자에게 영광을 돌리는 안식일이라는 창세기 1장의 특징을 인지할 수 있다. 첫 번째 안식일에 하나님은 창조의 선함을 뒤돌아 보셨으나, 그 안식일은 또한 구약성서를 위한 미래의 표징이다. 그것은 자유와 회복의 희년의 기대로 앞을 내다보게 한다 (레 25:8~55). "끝없는 안식"(유딧 2:19~24)이 있을 것이다. 월터 브뤼지만(Walter Brueggmann)은 이렇게 썼다.

안식일은 사회에서 혁명적인 동등의 날이다. 그 날에는 부와 권력과 필요에 상관없이 모두가 동등하게 쉰다. 물론 세계는 안식일

휴식의 안녕과 동등성에 따라서 순서가 매겨지는 것은 아니다. 그러나 하늘과 땅에서의 안식일 준수는 하나님의 길이 온전히 확립되었을 때 창조가 어떻게 될 것인가의 전조(fortaste)와 예기(anticipation)이다....그것이 매주 성실하게 지켜질 때 안식일은 창조가 어떻게 의도되었느냐를 상기시켜 주는 훈련이다.[34]

신약성서에서 창조론의 기독론적 초점 역시 인간적 종(種)이 아니라 예수 그리스도, 성육신하신 말씀에 창조의 중심이 있음을 회상함으로 봉사할 수 있다. 비록 창조가 신약성서에서 중요하지 않은 주제인 것처럼 보이지만 이것은 잘못된 길로 인도하는 인상을 준다. 신약성서의 현저한 부분들은 구약성시의 창조 전승들의 궤적을 발전시키고 이스라엘의 신앙과의 깊은 연속성을 드러내 준다.[35] 예수는 그의 사역 안에서, 즉 병자의 치유, 폭풍을 잠잠케 하심 및 죽은 자를 일으키심 안에서 하나님의 창조적인 활동을 수행하신다. 더 나아가서 그는 하나님의 창조적인 대행자이시며 새로운 종말론적 창조를 가져오시는 자로 동일화되셨다. 그는 지혜, 말씀, 아담, 알파와 오메가 등으로 다양하게 묘사되었다.

이렇게 예수를 칭하는 것은 그리스도의 인격과 사역에 관한 삼위일체론의 발전으로 인도할 뿐만 아니라 창조론의 기독론적인 강화를 제공한다. 우주를 채우시는 그리스도는 모든 하나님의 피조물들의 찬양을 불러내시는 분이다. (제2의) 바울 서신인 에베소서와 골로새서는 우주적 혈통들과 함께 모든 창조를 시간과 공간을 가로질러 부활하고 승천하신 그리스도와 연결된다. 창조는 여기에서 비록 인간이 하나님의 은혜의 덕분으로 중심적 위치를

유지하지만 인간 중심적이라기보다는 그리스도 중심적으로 이해
된다. 기껏해야 이것은 창조에서 하나님의 활동을 제한시키는 것
으로써가 아니라 그리스도의 인격과 사역의 중요성의 우주적 연
장으로 보아야 한다. 이 점은 알란 루이스(Alan Lewis)의 글에 생생
하게 나타나 있다. 우리는 그가 다음과 같이 쓴 것을 기억해야
한다.

> 사도신경의 첫 번째 조목의 끝에 있는 저 문법적인 기호 콜론[:,
> 설명]을 기억해야 한다. 그리고 우리가 그리스도와 성령에 대해서
> 말하는 모든 것은 천지를 만드는 것, 고치는 일, 재창조하는 일,
> 최종적으로 완성하는 일에 상관이 있는지 없는지 물어야 한다. 이
> 것은 성서의 드라마가 궁극적으로 다루고 있는 것이 아닌가? 만약
> 이 드라마 안에 있는 비극이 하나님이 만드신 것이 파괴되었고,
> 결함이 생겼고, 병들었고, 불완전하고, 죽음의 위협 아래 있는 것
> 이라면, 하나님이 그가 만드신 우주를 버리지 아니하시고 그것을
> 다시 만드시고, 그것을 전체적으로 회복하시고 마침내 마지막에
> 이것과 그 본래의 목표를 성취하기 위하여 그리스도와 성령을 통
> 해서 활동하였으며, 하는 것은 고통을 넘어서 기쁨으로 가는 희극
> 이 아닌가?....하늘과 땅은 그것들이 다시 만들어지고 그들을 위협
> 하고, 부정하고, 파괴하는 것이 영원히 제거될 때까지는 궁극적으
> 로 창조된 것이 아닐 것이다.[36]

✍ 창조와 구속

조지 맥레오드(George MacLeod)의 아이오나[Iona: 스코틀랜드에

최초로 기독교가 전파된 섬, 오래된 수도원이 있음] 기도문의 가장 강력한 특징 중의 하나는 창조와 구속의 병렬이다. 모든 창조된 것들의 아름다움 안에 있는 기쁨은 그것들의 불완전한 신념에 의해서 누그러지면서도 강해진다. 자연 안에 있는 하나님의 현존에는 그것[자연]의 구속의 필요에 대한 감각이 동반된다. "기쁘게도, 우리는 당신이 창조하시는 이 동산 안에 삽니다. 그러나 창조는 충분하지 않습니다. 언제나 아름다움 안에, 부패의 그늘이 드리워 있습니다."[37] 우리는 홉킨스의 시에서 창조와 구속의 유사한 상관관계를 발견한다. 홉킨스가 헬라 교부들의 저술들 안에 자신을 담그는 것은 우연의 일치가 아니다. 창조는 축하를 받지만, 그러나 어디에서든지 타락의 고통을 받는 것이 보인다. 그러므로 그것은 성육신을 통해서 오는 구속을 위해 부르짖는다.

세계는 하나님의 웅장하심으로 채워져 있다.
흔들리는 은박지가 빛나는 것처럼 그것은 빛나리;
그것은 기름 덩어리의 엉김처럼 거대하게 모인다.
왜 인간들은 이제 그의 막대기를 고려하지 않는가?[38]

웅장함의 하나님은 그리스도의 하나님이시다. 흔들리는 은박지로부터 빛나는 불꽃은 빛나는 언어들이다. 그들은 그 시인의 결론을 미리 표상한다. 오순절의 불은 세계에 대한 부활하신 그리스도의 성령의 교통이다. 기름은 풍부함과 부어 주신 은총의 상징이다.[39]

창조와 구속을 연결하는 과제는 언제나 기독교 신학을 괴롭히는 것이다. 창조론을 위한 도전은 세계의 선함을 말하는 것이요, 계시와 화해의 특별한 사건들을 무시하지 않고 하나님의 은총의 세속적인 현현을 말하는 것이다. 구속론을 위한 도전은 이스라엘의 역사와 교회에 대한 하나님의 섭리적인 활동을 협소하게 제한하는 것을 피하는 것이며, 창조의 위임을 어떤 선택된 집단의 구속(救贖)을 집행하는 무대에 넘기는 것을 피하는 것이다

이런 어려움들은 이미 구약성서 안에 창조와 구원이라는 서로 다른 신학적 병렬들과 함께 현존한다.[40] 이야기와 예언 전승들은 하나님이 일련의 역사적 사건들 안에 계시되었다고 가정한다. 이것들은 출애굽, 율법 및 계약과 같은 신학적 주제들의 특징이 되었다. 다른 한 편 욥기, 잠언, 전도서, 아가서 및 시편의 일부 등의 지혜문학은 하나님이 매일의 삶에서, 특별한 것보다는 일반적인 것 안에서, 국가적인 경험보다는 개인적인 통찰 안에서 파악된다고 가정한다. 그러므로 고대의 현인은 그가 어디에 속하는지에 대한 질문의 전승을 고려하지 않고도 하나님과 지혜를 알 수 있다. 정경 안에 이 병렬이 현존한다는 것은 신학적 주의를 요구한다. 어떤 경우이든지, 우리는 이미 정경 자체 안에 있는 통합에서 이런 시도들을 식별할 수 있다.

하나님의 능력과 은혜로운 활동이 전체 창조 질서 위로 연장되는 것은 자기 자신의 것과는 다른 전승들과 여러 곳의 지혜에 개방하는 한 가지 이유이다. 그것은 또한 하나님의 관심이 인간 역사의 하나의 흐름에만 국한되지 않는다고 믿는 이유이다. 동시에, 지혜문학 역시 그 자신의 한계를 인정한다. 인간 실존을 특징짓

는 모호성과 불확실성의 요소들이 있다. 전도서(Qoheleth)에 의하면 인간의 존재는 하나님이 의미하시는 것 모든 것을 식별할 수 없다. 욥에게는 하나님은 항거할 수도 전적으로 이해될 수도 없다. 하나님의 최종적인 모습은 욥 자신의 이해가 부족함을 계시하는 것이다. "내가 주께 대하여 귀로 듣기만 하였사오나 이제는 눈으로 주를 뵈옵나이다. 그러므로 내가 스스로 거두어들이고 티끌과 재 가운데에서 회개하나이다" (욥 42:5~6).

지식의 제한과 창조의 어두운 면은 계시가 필요하다는 표시이다. 시편 기자들에게, 조지 맥레오드에게처럼, 창조는 충분하지 않다. 시편 104편조차도 자연의 조화에 대한 밝은 증언과 함께, 경계를 정해야 하는 물들, 밤의 어두움, 하나님이 호흡을 거두실 때 모든 피조물들을 기다리는 죽음, 심판받지 않은 악한자의 왜곡을 말한다. 시편 19편은 우리의 주의를 하늘 위에 빛나는 것들뿐만 아니라 영혼을 소성시키는 하나님의 완전한 율법에로 안내한다. 욥기 28장은 지혜는 어디에서 얻는지 물으며 그것은 오직 주님을 경외함 안에만 있다고 응답한다. 창조의 질서는 하나님의 구속된 백성들의 삶 속에서만, 즉 율법에 의해서 규제된 정의로운 삶과 사회적 질서 안에서 가장 온전하게 표현된다. 지혜와 율법의 동등화는 신구약 중간기까지 기다리지 않았다. 그것은 이미 구약 신명기 4장 5~6절에서 발견된다. "내가 나의 하나님 여호와께서 명령하신 대로 규례와 법도를 너희에게 가르쳤나니 이는 너희가 들어가서 기업으로 차지할 땅에서 그대로 행하게 하려 함인즉 너희는 지켜 행하라. 이것이 여러 민족 앞에서 너희의 지혜요 너희의 지식이라. 그들이 이 모든 규례를 듣고 이르기를 '이 큰 나라 사람은 과연 지혜와 지식이 있는 백성이로다 하리라.'"[41]

보편적 지혜와 특수한 역사적 계시에 대한 이러한 배경은 신약성서 안에서는 예수 그리스도를 하나님의 지혜와 말씀과 동일화함으로 성취된다. 잠언 8장에 대한 반향으로 골로새서에서는 예수의 인격이 그것을 통해서, 그것을 위해서, 모든 것이 만들어진 지혜와 동일화된다 (골 1:15ff.). 그리스도는 그 안에 지혜와 지식의 모든 보화가 감추인 자이시다 (골 2:3). 에베소서에서 발견되는 승천의 신학은 그리스도가 만물 안에 내주함을 증거한다 (엡 4:10). 그것은 하나님의 지혜와 진리의 기독론적 압축이 고려되어야 하는 것을 넘어서는 길을 제공하는 구절들이다. 만약 창조자가 성부, 성자, 성령이라면 성부가 창조 안에서 하는 모든 것은 성자와 성령의 사역과 연관하여 이해되어야 한다는 것이 사실이다. 그러나 거꾸로도 맞는 말이다. 성자와 성령이 하는 모든 것역시 세계의 창조와 연관하여 이해되어야 한다. 그러므로 칼 바르트에 의해 동의하면서 인용된 위첼하우스(J. Wichelhaus)는 이렇게 썼다. "예수 그리스도 안에서 하나님의 이름의 영화(榮華)는 따라서 창조의 최종적인 목표이다. 그리하여 모든 것은 이 목적을 위해서 명해졌으며, 그것이 빛이든 어두움이든, 선이든 악이든 이 목적을 섬겨야 한다."[42]

바르트가 창조는 계약의 외적 근거이며, 계약은 창조의 내적 근거라고 말했을 때 이것은 그리스도의 인격과 사역의 의미를 보편화하는 창조신학의 협소화의 표상이 아니었다. "창조론은…예수 그리스도와 그의 나라와 그의 교회에 대해서 인색하게 생각하는 것을 금한다. 즉 창조를 하나님의 첫 번째요 가장 중요한 일로 보고 우리의 구원과 구속은 우리가 등한시할 수도 있는 후속적인 종류의 일로 보는 것을 금한다."[43] 이 설명에는 두 가지의 함축이 있다. 하나는 창조론이 특별한 기독교의 신앙 항목이라는 것이다. 그것은 자연신학의 현관도 아니고 다른 신앙에 의해 거주하게 된 유일신 종교의 앞마당도 아니다. 바르트는 이렇게 쓴다. "피조물이 되는 것은 하나님에 의해서 이 목적으로 결정되고, 긍정되고, 선택되고, 받아들여졌다는 것을 의미한다. 피조물이 되는 것은 이스라엘의 방식을 따라서 존재하는 것을 의미하는데, 즉 하나님이 그 아들 안에서 그것을 그분 자신의 것으로 받아들이는 것이 무가치하다고 여기지 않는 것을 따르는 방식이다. 피조물이 되는 것은 그분의 영예가 거주하는 장소로 준비되는 것을 의미한다."[44] 이 창조와 계약의 연결에 대한 두 번째 함축은 비록 긍정적인 종교의 전제에 의해서 영향을 받지 않고 따로 서 있는 자연신학(natural theology)은 불가능하다고 하더라도, 그럼에도 불구하고 자연의 신학(theology of nature)은 필수적이라는 것이다. 계약은 단지 멸망하는 창조로부터 구조된 소수만을 품는 것이 아니다. 그것은 전체 창조 질서, 자연 전체, 생물과 무생물을 목표로 한다.

디트리히 본회퍼(Dietrich Bonhoeffer)는 이런 의미에서 기독교가 세속적 종교라는 것을 인지하였다. 그것은 모든 다양성 가운데서 세계와 연관된 종교이지 단지 창조된 현실의 제한된 영역으로서 교회에만 연관된 종교가 아니다. 그리스도 안에서 하나님의 은총은 이 세계를 그것의 목표와 대상으로 한다. 우리 자신의 영혼의 구원보다는 하나님의 나라가 구약성서의 지배적인 관심이다. 그것은 저 너머의 먼 세계에 연관된 것이 아니라 창조되었고, 보존되었고, 하나님의 율법에 대한 실존의 모든 측면에서 주체가 된 이 세계와 연관되었다. 우리가 희망하는 와야 할 세계는 이 세계를 위해서 존재한다. 이런 의미에서 창조와 성육신, 십자가와 부활은 긴밀하게 연결되었다.[45]

제2장
창조와 우주론

✐ 무로부터의 창조

　무로부터의 창조론은 성서에서 명시적으로 가르치고 있지 않았다. 성경이 열리는 장은 그것으로부터 하늘들과 땅이 창조된 무형의 폐허를 전제하는 것처럼 보인다. 성경에 있는 다른 구절들은 외경으로부터 가끔 인용된 구절에서처럼 무로부터 창조하는 하나님의 개념을 암시한다 (예를 들면, 롬 4:17; 히 11:3). "하늘과 땅을 바라보아라. 그리고 그 안에 있는 모든 것을 살펴라. 하느님께서 무엇인가를 가지고 이 모든 것을 만들었다고 생각하지 말아라" (마카베오하 7:28). 그러나 이것은 전통적으로 이해된 바와 같이 우리가 여기에서조차 무로부터의 창조론을 가지고 있는지 명백하지 않다. 무에 관해 말하는 것이라면, 이 구절들이 문자적으로 무에 대해 언급하는 것은 아닐 것이다. 고대 세계에서는 아무 특징도 가지지 않은 것은 단순하게 [아무 것도] 의미하지 않는 것이다.[1] 이것은 무로부터의 창조라는 관념 안에 나중에 정교하게 다듬어진 하나님의 주권과 능력의 명백한 표현이지만, 이것이 마카

비후서의 저자의 마음속에 있었는지는 확실하지 않다. 우리는 질료의 영원성에 관한 고대 희랍의 가정에 대해 교회가 논쟁할 때까지 명시적인 가르침으로서 무로부터의 창조를 발견할 수 없다고 가정하는 것이 더 낫다.

거의 2천년 후에 보다 더 광범위하게 볼 수 있는 입장에서, 무로부터의 창조론의 반-직관적(counter-intuitive) 특성을 이해하기는 어렵다. 우리 중 대부분은 하나님이 모든 것을 어떤 것으로부터가 아니라 무로부터 만들었다는 개념을 너무나 잘 배웠기에 우리는 질료의 영원성의 개념을 상상할 수 없으며 믿을 수 없다고 생각한다. 그러므로 우리는 2세기에는 **무로부터의 창조의 관념의** 신기함을 보지 못하였다. 널리 알려져 있던 가정은 질료가 영원하다는 것이었으며, 그리고 세계를 창조하는 하나님은 그 원초적 실체에 모양을 부여했다는 것이었다. 이것은 조스타인 가아더(Jostein Gaarder)의 〈소피의 세계〉(Sophie's World)라는 철학사에 관한 그의 베스트셀러 소설에서 근사하게 설명되었다. "파르메니데스(Parmenides, c. 540~480 BCE)는 존재하는 모든 것은 언제나 존재하였다고 가르쳤다. 이 관념은 고대 희랍인들에게는 생소하지 않았다. 그들은 이 세계 안에 존재하는 모든 것은 영원하다는 것을 어느 정도 당연하다고 받아들였다. 무로부터는 아무 것도 나올 수 없다고 파르메니데스는 생각했다. 그리고 존재하는 것은 그 어느 것도 무가 될 수 없다."2)

이 견해의 고전적인 진술은 플라톤의 〈티마에우스〉에서 발견되는데, 이것은 고대 교회의 신학자들에게 대단히 중요한 철학적 전거(text)였다. "신은 달성할 수만 있다면, 모든 것들이 선하고 어느 것도 악하지 않기를 원한다. 그리하여 모든 보이는 영역을 찾아내어 쉬지 않고 불규칙적이고 무질서한 모습 안으로 들어가서, 이것이 모든 면에서 다른 것보다는 더 낫다고 생각하여 무질서로부터 질서를 가져왔다."[3] 순교자 저스틴(Justin Martyr)은 2세기 중엽에 글을 쓰면서 플라톤을 단지 선재적인 질료로부터의 창조라는 창세기에서 발견된 관념을 재생산하는 것으로 간주하는 것으로 만족하였다. 그의 〈첫 번째 변증〉(First Apology)에서, 저스틴은 플라톤이 〈티마에우스〉에 있는 세계의 모습을 묘사하면서 모세의 가르침을 받아들였음에 틀림없다고 주장하기까지 하였다. 그러므로 그가 비록 무심결에 그 반대로 하였지만, 그는 플라톤 안에서 성경을 간파할 수 있을 것이라고 생각하였다.[4]

왜 질료의 영원성은 그렇게 광범위하게 고대 세계의 가정(pre-supposition)을 공유하였는가? 리처드 소라비(Richard Sorabji)는 파르메니데스, 아리스토텔레스(Aristotle) 및 다른 사람들 안에서 간파할 수 있는 편리한 일련의 논증들을 요약하였다.[5] 이것들은 세계의 시작이 있다는 것을 반대하는데 가장 가까이 연관된 논증들이다. 그 중 하나는 "왜 좀 더 일찍 하지 않았는가?" 하는 논증이다. 연기(delay)의 결과는 그 이전의 원인이 되는 순서와 연관하여 설명이 된다. 그러므로 소크라테스(Socrates)는 그의 부모가 만나기 이전에는 태어날 수 없었다. 그러나 전체 우주에 앞서는 것은 아무 것도 없는데, 그것[우주]은 왜 그것이 그 때 왔으며 그 이전에 오지 않았는가에 의해서 설명될 수 있다. 이 논증은 신의 뜻을 숙고함으로 재강화된다. 하나님의 뜻은 우주가 존재하게 되기에 충분하다. 그러므로 만약 하나님이 영원히 우주를 원하셨다면 그것은 모든 영원을 통해서 존재했어야 했다. 왜냐하면 결과는 그 모든 충분한 조건들이 획득되면 연기될 수 없기 때문이다.

그 다음 논증들은 하나님의 불변성과 활동과 연관된다. 운동이 시작하려면 거기에는 방아쇠 장치, 즉 그 이전의 운동이 있어서 이것을 가져와야 한다. 그러므로 만약 하나님이 변화 너머에 계시다면, 하나님은 우주의 시작을 위한 필연적인 기동력인 시간 안에서의 특수한 한 점을 제공하실 수 없다. 이것은 하나님의 역사하심의 측면에서 잠재성으로부터 활동으로 변화하는 결과를 가져올 것이다. 이것과 나란히 하나님의 나태하심에 반대하는 추정이 있다. 하나님은 비활동적이거나 나태하실 수 없다. 플라톤에 따르면 우주를 지배하는 데 있어서 하나님은 영원히 섭리적이시다. 진실로 필로와 기독교 전통에는 하나님이 무시간적인 천국에 거하시며, 그러기에 아무 것도 하지 않으신다는 견해와 연관되어 있다.

아마도 무로부터의 창조에 대한 진지한 숙고에 대한 가장 강력한 해독제는 "무로부터는 아무 것도 나오지 않는다"는 단순한 견해였다. 소라비는 이 원리는 유대교-기독교 전통 이외의 거의 모두가 수용하였다고 주장한다. 파르메니데스는 우리는 무로부터는 아무 것도 지성적으로 말하거나 생각할 수 없다고 논증하였으며, 그리고 아리스토텔레스는 존재하지 않는 것으로부터는 아무 것도 나올 수 없다고 주장하였다. 하나의 동상이 창조되었으면, 조각가에 의해서 형상이 주어지기 전에 동상의 질료가 존재해야 한다.[6] (그러나 아리스토텔레스는 형상이 무로부터 나온다는 것을 인정하였다. 그리고 존 필로포누스(John Philopponus)는 나중에 왜 질료는 무로부터 나오지 않느냐고 물었다. 신플라톤주의자들과의 논증에서 그는 왜 창조는 무로부터 나올 수 없었는가에는 논리적 이유가 없다고 주장하였다.)

이 지성적 환경에서, 아마도 가장 놀라운 것은 무로부터의 창조론이 너무나 빨리 그리고 거의 아무런 논쟁도 없이 교회의 가르침으로 수용되었다는 것이다. 게르하르트 메이(Gerhard May)는 그 출현에 대한 그의 중요한 연구에서 안디옥의 데오필루스(Theophilus)와 이레네우스(Irenaeus) 두 사람이 영지주의적 사변과 희랍 철학에 직면하여 이 이론을 창시한 자라고 하였다. 메이는 무로부터의 창조의 관념에 대해서 명백한 견해와 거이 공식적인 표현으로 논증하는데, 데오필루스는 안디옥에서 이미 자리를 잡은 견해를 명료하게 표현하고 있다고 하였다. 그러나 데오필루스는 그 이론에 대한 호의를 가지고 이것으로부터 현재까지 여러 가지 논증들을 계속하고 있다.[7] 만약 질료가 하나님과 나란히 영원히 존재한다면, 하나님은 모든 것의 창조자로 간주될 수 없을 것이다. 하나님처럼, 만약 질료가 기원을 가지지 않는다면 그만큼 그것은 신적인 것으로 간주되어야 한다. 하나님의 주권과 능력은 하나님이 무로부터 세계를 창조하신 사실에 나타나 있다. 선재적인 질료로부터의 창조는 하나님의 위대하심을 반영할 수 없을 것이다. (이것은 나중에 토마스 아퀴나스(Thomas Aquinas)의 시작이 있는 우주는 그것의 조물주의 선함과 능력에 더 맞는 찬사라는 논증을 연상시킨다. 아리스토텔레스에 이어서 아퀴나스는 영원한 창조가 가능하다고 했다. 그러나 성서는—그것의 계시된 진리는 고대 철학자들에게는 알려지지 않았다—다르게 선언하였다고 믿었다. "하나님의 능력과 선하심은 그분 자신이 언제나 그렇지 않았던 것과는 달리 특별히 그것들 안에 현현되었다”[8]). 신적 능력에 대한 이와 같은 숙고에 근거하여, 데오필루스는 창세기 1장 2절의 질료, 즉 그것으로부터 하나님이 우주를 형성하였던 것은 그 자체가 하나님에 의해서 무로부터 존재하게 되었다고 확신하였다. 그러므로 창조는 두 단계의 과정인데, 첫 번째는 무형의 질료가 창조되었고, 그리고 그 다음에 하나님에 의해서 거기에 형상이 주어지게 되었다는 것이다.

이레네우스는 더 나아가서 기원이 없는 하나님과 기원이 있는 세계 사이의 구별을 발전시켰다. 이것은 하나님으로부터 나오는 창조의 개념을 배제한다. 만약 우리가 하나님으로부터 나오는 세계나 중간적 시행자를 보면, 우리는 신적 존재로의 구성과 변화를 도입하게 된다. 창조의 유일한 근거로서 하나님의 뜻을 묘사하면서 이레네우스는 성서적 하나님의 자유와 전능을 방어한다. 무로부터의 창조는 질료의 영원성과 하나님의 존재로부터 세계의 유출이라는 이교적 관념들에 대하여 유일하게 받아들일 수 있는 기독교의 대안으로 제시되었다. 그러므로 메이는 다음과 같은 요약과 함께 그의 토론의 결론을 맺었다.

> 이레네우스와 데오필루스에 의해 만들어진 공헌은 과소평가되지 않아야 한다: 그들은 2세기 말부터 놀라운 속도로 그것이 창조에 관한 기독교의 발언의 자명한 전제가 되게 하는 확신하는 엄격함을 가지고서 **무로부터의 창조론**을 발전시켰다. 우리는 데오필루스와 이레네우스에게서 교회의 **무로부터의 창조론**의 특별한 창시자들을 보아야 한다.[9]

더 나아가서 무로부터의 창조를 말하는 것은 창조는 어떤 것으로부터 나온 것이 아니라고 단순히 말하는 것임을 유의해야 할 것이다. 이 이론은 '무'가 그것으로부터 나타나는 세계를 규정하는 일종의 그늘진 상태를 가지고 있다는 것을 함축하지 않는다. 창조와 무의 연관에 의해서 우주 안에 있는 악의 위협을 설명하려는 시도들은 유사-이교적 관념으로 돌아가는 것을 함축한다. 무로부터의 창조에 대한 몰트만(Moltmann)의 언급은 상상적이고 유동적이긴 하지만 궁극적으로 불확실하다. 그의 기포드 강좌(Gifford Lectures)에서 그는 아이삭 루리아(Issac Luria)의 카발라파[cabalistic, 고대 유대교 시비주의 종파]의 짐숨(zimsum)이론을 통해서 무로부터의 창조를 재해석한다. 짐숨은 집중과 계약을 의미한다. 그것은 하나님이 신적 존재 안으로 철수하심을 의미하며, 창조는 그 안에 그 유한한 존재를 가지고 있는 그 다음 단계의 무의 창조를 의미한다. 빈 방을 만들거나 또는 내버려 두는 것의 관념이 이 개념에서 중심적이다. 자기-철회의 행동에 의한 신적인 자아 안으로의 철수로, 하나님은 그 안에 다른 존재들이 그들의 자유를 가질 수 있는 공간을 창조한다.

이 무의 지위는 몰트만에게는 부정적인 특징을 당연한 것으로 여긴다. "그 안에서 하나님이 그의 창조를 창조하는 허무는 하나님의 저버리심, 지옥, 절대적인 죽음이다; 그리고 그가 생명 안에서 그의 창조를 유지하는 것은 이 위협에 대항하는 것이다."[10] 이 관념의 매력은 그것이 즉각적으로 창조와 구속을 연결한다는 것이며, 그리고 이것이 몰트만에 의해서 강력하게 추진되었다. 창조는 시작부터 하나님이 '모든 것 안에 모든 것'이 됨으로 극복해야 하는 무성(nothingness)의 위협을 받는다. 그러나 여기에서 어려움은 악이란 하나님이 아닌 어떤 것의 창조의 필연적인 특색으로 설명되어야 하는 것처럼 보인다는 것이다. 몰트만은 악과 유한성을 동일시하는 헤겔주의자(Hegelian)의 입장에 접근한다. 그의 짐승의 사용은 이 세계 안으로의 악의 침입을 세계의 유한성의 필연적인 조건으로, 그리고 그 피조물적인 지위의 불가피한 귀결로 설명하려는 시도이다. 이것은 창조의 선함의 개념을 의심스럽게 만든다. 이제 타락은 창조의 행동의 필요한 특징이 된다. 그러나 성경의 시작하는 이야기들은 세계의 피조물적인 지위와 보편적인 악의 현존 사이를 구별하려는 시도이다. 무성의 형식 안에 있는 악은 창조의 형이상학적으로 필연적인 함축이 아니다. "의문의 여지없이 허무는 오직 우리가 죄와 무신성(godlessness)이라고 이름 붙인 것에 대해서 창조된 존재들이 자기-격리를 통해 이 위협적인 특징을 획득한다"는 이상한 논평을 덧붙임으로 몰트만은 이 입장의 허약함을 드러낸다.

무성의 영역을 창조하는 하나님의 자기-철회의 언어는 매우 파악하기 힘들며, 하나님이 세계의 창조를 위해서 비울 수 있는 그보다 앞선 공간을 전제하는 것처럼 보인다. 그러한 선재하는 존재의 개념은 정확히 무로부터의 창조 이론에 의해서 배제되는 것이다. 그 무는 창조를 위협하는 그늘진 존재론적 영역이라기보다는 어떤 것이 아닌 것을 가리킨다. 우리는 형이상학적 내용과 함께 무를 덧붙이려는 유혹과, 그것을 단지 '어떤 것이 아닌 것'을 가리킨다고 생각하는 유혹을 물리쳐야 한다. 무로부터의 창조를 말하는 것이 무엇을 의미하는지는 터툴리안(Tertullian)이 가장 멋지게 요약하였다. 세계는 하나님의 존재로부터 유출되지 않기 때문에, 그리고 세계는 영원히 존재하지 않기 때문에, 하나님은 그것을 어떤 것으로부터가 아니라 무로부터 창조해야 한다. 허무는 우선적으로 그것이 배제하는 가능성에 연관된다.[11]

비록 아마도 이들 종교들 안에 교리적 정통주의를 향한 강한 추진력이 있었던 것은 아니지만, 이와 유사한 숙고들을 유대교와 이슬람 저자들 안에서 발견할 수 있다. 주전 수 세기의 랍비적 해설자들은 창세기 1장이 천지 창조 이전에 어떤 것이 현존함을 함축하는 것 같다고 의식하였다. 더 나아가서, 잠언 8장 22절—여호와께서 태초에 일하시기 전에 나를 가지셨으며—은 율법의 선재를 언급하는 것으로 해석되었다. 유대교 주석은 창조 이전에 하나님 이외의 존재들이 있었으나, 궁극적으로 이것들은 무로부터 창조되었다고 논증할 수 있었다.[12] 중세기에는 마이모니데스(Maimonides)가 무로부터의 창조 이야기를 제시함으로 아리스토텔레스의 질료의 영원성이라는 견해를 반대하였다. 그의 논증은 하나님의 주권에 대해 호소하는데, 기독교의 전승 안에서 발견된 논증들에 대해 강한 유사성을 가진다.[13]

우리는 또한 이 주제에 대한 유사한 성서적 자유 재량권에도 불구하고, 무로부터의 창조론의 발전에서 기독교와 이슬람 사이의 병행을 간파할 수 있다. 이슬람 신학자들은 일반적으로 하나님이 우주를 무에서 존재하게 하셨다는 견해를 가졌다. 이것은 코란(40.57/59)에서 인간은 이미 존재하는 질료로부터 나온 것과 달리 하나님이 무에서 천지를 만드셨다는 주장을 따르는 것처럼 보인다. 그러나 코란(21.30/31)은 또한 구별되지 않은 질료 덩어리로부터 천지가 온다고 말할 수도 있다. 히브리 성서와 마찬가지로, 우리는 아마도 코란에서 이 점에 대한 명시적인 교리적 정의를 기대하지 않아야 할 것이다. "메카와 메디나에서 모하메드의 설교를 처음 들은 자들에게 절대적 비존재에 대한 이해 안에 전제된 사고의 고상함은 생소하였다."[14]

다른 한편, 왜 무슬림 신학자들이 무로부터의 창조를 향해서 호의적인 성향이 있는지의 이유는 명백하다. 절대적인 하나님의 존재는 어떤 창조된 것이나, 하나님의 목적과 의지에 그 존재가 빚지고 있는 어떤 것과도 견줄 수가 없다. 알-가잘리(Al-Ghazali, 1058~1111)는 아비세나(Avicenna)에 대하여 이렇게 논증하였다: 신플라톤주의의 영향 하에서, 그는 다른 것들 가운데서 유난히 창조의 영원성의 가르침 때문에 이슬람의 신조에 모순되었다. 그는 젊은 무슬림의 훈육을 위하여 의도된 신조에서 전통적인 근거들을 가지고 무로부터의 창조를 주장한다.

> 그분의 행동에 의해 기원하며 그분의 정의로부터 유출된 것을 제외하고는, 하나님으로부터의 실존적인 분리는 없다; 그리고 그것은 가장 훌륭하고, 가장 완전하고, 가장 완성되고, 가장 뛰어나게 되었다....하나님으로부터 분리된 것―인간의 존재, 진(jinn),[15] 천사들, 악마들, 천지, 동물들, 식물들과 무생물들, 실체와 우연, 인지되고 감각된 것―은 이 모든 것들은 기원이 있다. 그의 능력에 의해서, 하나님은 그것의 비존재 이후에 그것을 존재하게 하셨으며, 그것이 무였던 이후에 무엇인가가 되게 만들었다. 왜냐하면 영원부터 그분만이 존재하였으며, 그분과 함께 하는 것은 아무 것도 없었기 때문이다....그분은 그것이 결핍되거나 그것이 필요해

서 이렇게 한 것은 아니었다.[16]

비록 세 개의 아브라함 종교들이 무로부터의 창조를 방어하는 데 하나의 공통적인 흥미를 공유할 수 있지만, 기독교 신학 안에서 이 교리를 주장하는 데는 삼위일체론적인 이유도 있다. 야로슬라브 펠리칸(Jaroslav Pelikan)은 그의 교리사에서 이교와의 갈등이 무로부터의 창조론으로 인도한 반면에 그 이후의 아리우스주의(Arianism)와의 갈등에 의해서 더욱 더 중요하게 되었다고 지적한다.[17] 성자의 피조성에 대한 이단적인 주장은 성자의 영원한 기원과 하나님이 아닌 모든 것의 창조 사이에 더욱 더 날카로운 구별로 인도되었다. 이미 이레네우스에서 우리는 성부에 의한 성자의 낳으심과 모든 피조물적인 과정들 사이의 구별을 보게 된다. 아무 것도 하나님으로부터 나오는 것은 없다. 그런 견해를 견지하는 것은 하나님을 결합할 수도 있고 구별할 수도 있게 한다. 하나님의 본성보다는 하나님의 뜻이 창조의 유일한 원인이며, 피조된 존재가 되는 것은 하나님 안에 있는 기원의 영원한 관계들로부터 구별되어야 한다. 이것은 우선적으로 성부–성자의 관계와 연관하여 수행되었다. 창조론의 전망에서 볼 때 불행히도 신약성서에서 그것을 지혜, 말씀, 성자와의 동일화는 그 이후 성령의 역할이 등한시되는 신학으로 인도하게 되었다. 구약성서에서 우리는 자주 하나님의 영(히, 루아흐: ruach)의 창조적인 역할을 읽는다. 그 이후에 그리스도의 사역의 교통으로 그것을 제한함으로 신학자들, 특히 라틴 서방교회의 신학자들로 하여금 종종 창조 안에서, 자연계의 유지와 구속에서 성령의 역할을 등한시하도록 인도하였다.[18] 그럼에도 불구하고, 동방교회에서는 창조자 성령에 대한 보다 더 탁월한 인정이 있었다. 가이사랴의 바질(Basil of Caesarea) 의 〈성령에 관하여〉(De Spiritu Sancto)에서 성령은 성자를 통해서 성부에 의해 만들어진 모든 것을 완전에로 데리고 오는 자로 묘사 된다. "그리고 창조에서의 당신을 생각하오니, 첫째로 나는 당신 께 기도합니다. 만들어진 모든 것들의 본래적인 원인이신 성부여; 창조적인 원인이신 성자여; 완전하게 하시는 원인이신 성령이여; 그리하여 성부의 뜻에 의해 살아가는 봉사하는 영들은 성자의 활 동에 의해서 존재하게 되었으며, 성령의 현존에 의해서 완전하게 되었습니다."[19]

그러므로 니케아 정통주의는 세계의 기원을 둘러싼 논점들을 강화하였으며, 삼위일체와 우주의 창조에서 관계들의 구별과 조 정으로 인도하였다. 토랜스(T. F. Torrance)는 그의 〈삼위일체신앙〉 (The Trinitarian Faith)에서 니케아신학의 토론에서 이것이 어떻게 해결되었는지 요약한다.

1. 하나님은 항상 창조자가 아니었다. 성자는 영원히 성부가 낳았 으며 시작이 없다. 성자와 성령은 하나님의 본성에 의해 생겼 지만 세계는 하나님의 뜻에 의해 생겼다. 만약 하나님이 항상 창조자가 아니었다면, '하나님 밖에 있는' 실재로서 우주의 창 조는 하나님의 영원한 삶에서 새로운 어떤 것이었다. 창조와 구속은 희랍철학에서의 하나님의 필연성, 부동성, 무감정의 범 주들과 날카롭게 대립하였다.

2. 하나님은 하나님 홀로 존재하고자 하지 않는다. 구속과 마찬가지로 창조는 성육신하신 성자 안에 표현된 불가해한 하나님의 순전한 행동으로 보여야 한다. 하나님은 우주를 창조할 자유도 있었지만, 그러나 하나님은 또한 창조하지 않을 자유도 있었다. 그러나 그것은 친절한 자연과 하나님의 사랑 안에 궁극적인 합리적 근거를 가진다. 창조는 하나님 안에 있는 사랑의 시간적 아날로그(analogue, 상응)이다.[20]

3. 창조의 우연성. 우주는 자급적이거나 자기-유지적이지 않다. 그 특징은 하나님의 존재에 의해서 결정되지 않는다. (하나님은 이 세계를 창조해야 할 필요가 있었던 것은 아니다.) 우연으로써 그것은 변화, 멸망, 비존재의 위협에 취약하다. 말씀의 성육신에 의해서, 창조는 그 타락으로부터의 회복이며, 우연적인 사건의 결과이다.

무로부터의 창조론은 기독교 신학자들로 하여금 우연한 창조로부터 필연적인 하나님을 구별할 수 있게 하였다. 이것들의 서로 다른 존재론적 지위의 혼돈은 있을 수 없다. 이 점에 있어서, 이 이론은 비록 성서 안에 명백히 가르쳐지지 않았지만, 성서적이라고 해석될 수 있다. 창조는 신적 의지의 결과이다. 그것은 자유롭지만 필연적이 아닌 하나님의 행동이다. 그것은 또한 기독교 신학 안에서 궁극적인 이원론을 피하는 기능을 가지고 있다. 하나님과 세계는 반립적인 세력들이 아니다. 하나는 다른 하나를 섬기도록 만들어졌다. 그러므로 폴 틸리히(Paul Tillich)는 이렇게 표현한다. "이 무로부터의 창조의 소극적인 의미는 모든 기독교의 경험과 주장을 위해서 명백하고 결정적이다. 그것은 가장 정제된 이교와 가장 원시적 형태 안에 있는 기독교 사이를 구별하는 표시이다."[21]

무로부터의 창조론은 거의 즉각적으로 그리고 만장일치로 수용되었다. 그것은 수세기 동안 지배적이었다. 그러나 우리는 오늘날 이 이론에 대한 일정한 범위의 비판자들을 만난다. 우리는 이들을 어떻게 해야 하는가? 나는 마지막으로 이렇게 논증하고자 한다. 이것들은 설득력이 없으며, 단지 그것들은 이 이론의 난처한 측면들을 지적하고 그리하여 그 한계들의 정도를 가리킨다.

과정신학에 따르면, 이 전통적인 이론은 하나님의 자유가 이 세계를 우연히 창조한다는 것이다. 그것은 하나님이 이 세계를 창조하도록 선택하지 않았을 것이라고 제안한다. 그러나 이것은 하나님의 창조성을 하나님의 실존의 필연적인 특징이라기보다는 우연적인 것으로 만든다. 이것은 전형적으로 과정적 사상가들에 의해서 거부되었다. 하나님이 영원히 인격적이고 우리를 사랑하는 분이라고 생각되는 곳에서 우리는 영원부터 하나님이 창조적으로 관계할 수 있는 대상들이 있다고 가정해야 한다. 그러므로 하나님이 세계가 없이 존재한다거나 또는 하나님이 되기 위해서 세계를 필요로 하지 않는 그런 하나님은 의미가 없다. 삼위일체 안에 있는 영원한 사랑을 말하는 것은 불가능할 것이다. "삼위일체의 구성원들의 상호 찬양하는 친교 같은 것은 정당한 예배의 대상으로서의 가치가 없는 것처럼 보일 것이다."[22]

만약 우리가 세계 없이 하나님을 논리 정연하게 생각할 수 없다면, 무로부터의 창조론은 포기해야 할 것이다. 세계는 하나님께 의존하기는 하지만 영원히-함께 존재한다. 과정신학에서는 하나님이 항상 응답해야 한다는 의미에서 하나님은 세계를 필요로 하신다. 세계의 측면에서 볼 때, 하나님의 지칠 수 없는 목적들과의 관계가 아니면 이해될 수 없다. 이 점에서 볼 때, 무로부터의 창조론은 거부된다.[23] 창조론(doctrine of creation)은 창조하기론(doctrine of creating)으로 대체되어야 한다. 하나님은 우주를 무로부터 유로 가져오시는 것이 아니라, 우주 안에 신적 존재에 상응하는 가치들을 창조하시려고 추구한다. 과정신학은 이것을 혼돈으로부터 질서의 창조라고 전형적으로 인식한다. 그것은 의식, 쾌락, 자유, 그리고 사랑 등의 가치들을 인정하는 질서의 양식들의 창조이다. 하나님은 절대적인 제어자가 아니라 원료를 가지고 무작위의 낮은 등급의 경우들로부터 지속적인 개체들이 생기도록 조작하는 분이시다.[24]

이것의 문제는 그것이 세계를 절대화하는 경향이 있다는 것이다. 창조는 세계 안에서 하나님의 창조적인 활동으로 축소된다. 하나님은 활동적이긴 하지만 그러나 우주의 원료를 만든다는 의미에서가 아니다. 그것은 기원도 없고 설명도 없으나, 하나님 그 자체의 실존으로서 적나라한 사실이다. 세계-만약 이것이 세계가 아니라면, 그것에 앞서고 그것에 속하는 일련의 세계들-는 더 이상 유한하지 않고 하나님처럼 영원한 지속을 즐기는 것으로 간주되어야 할 것이다. 그러나 몰트만이 논증하는 것처럼, 이것[과정신학]은 그것[창조론]을 보존과 섭리론으로 축소함으로 창조론을 효과적으로 부인한다.[25] 그것은 또한 하나님이 우주를 통치하는 방식을 변경한다. 그리하여 하나님의 행동과 종말론의 전통적인 개념들에 질문을 제기한다. 창조의 시작의 어떤 개념을 상실함으로, 뒤이어 종말의 어떤 의미의 상실이 있게 된다.

그러나 **무로부터의** [창조] 전승 안에서는 하나님의 자유의 개념에 어려움이 계속된다. 하나님이 세계를 창조하지 않았으리라는, 하나님이 그렇게 하지 않기로 선택했다는 함축은 창조를 변덕스러운 행동으로 넘겨주는 것 같이 보인다. 그렇게 함으로 하나님이 돌이킬 수 없게 세계에 묶여 있으신 방식을 설명하는 데 실패한다. 존 매쿼리(John Macquarrie)는 전통적인 창조의 이해에서는 신적 자유에 너무 많은 압력이 주어졌다고 논증함으로 이 관심을 기록한다. 그는 창조하기(creating) 모델은 유출(emanation) 모델에 의해서 균형을 잡을 필요가 있다고 주장한다. 신적 본성이 주어졌다면 세계의 창조에는 일종의 내적 필연성이 있다. 몰트만에게서 유출의 주제를 수용하고자 하는 유사한 욕구가 간파될 수 있는데, 그는 과정신학적인 사고를 하지는 않지만 내재신론자(panentheist)라고 생각될 수 있을 것이다. 세계를 신적 본성이 넘쳐나는 것으로 보는 유출설은 너무나 쉽게 영지주의나 신플라톤주의라는 실망을 주었다.

> 만약 우리가 영원한 신적 삶을 영원한 삶, 무한한 사랑으로 본다면 그것은 더욱 더 타당하다. 그것은 그것의 삼위일체적인 완전과 완성으로부터 그것의 넘치는 황홀 안에 있는 창조적인 과정 안에서 방출하며, 그리고 안식일의 영원한 휴식 안에서 그 자체로 온다. 그것은 동일한 사랑이다. 그러나 그것은 신적 삶과 신적 창조성

안에서 다른 방식으로 작용한다. 이 하나님 안에 있는 구별은 그들 사이의 교통이 취하는 모든 다른 형식들 안에서 하나님과 세계 사이의 구별을 보존할 수 있게 한다.[26]

창조를 신적 본성을 표현하는 행동으로 이해하려는 이러한 시도들은 정당하다. 하나님의 자유와 사랑은 하나를 다른 하나로부터 분리해서 보면 안 된다. 창조를 하나님의 본질인 사랑과 연관하지 않은 순수한 의지의 행동으로 묘사하는 것은 신론에서 우연성과 불확정성(indeterminacy)을 암시하는 것이다. 이것은 세계의 창조가 비록 하나님의 본성에 의해서 요구되지는 않았지만 상응한다는 니케아신조에 대한 관찰에 의해서 올바르게 도전을 받는다. 그러나 넘쳐남이나 유출과 같은 개념들은 효과적으로 창조의 행동을 비인격화한다. 자유, 의지, 의도 등은 모두 인격적인 담화의 양식에 속하는 개념들이다. 그리고 이것들은 유출론 창조 모델에서는 거의 빛을 잃는다. 판넨베르크(W. Pannenberg)는 그의 최근의 〈조직신학〉(Systematic Theology)에서 바로 이 똑같은 이유로 몰트만을 비판한다. 그는 자유로운 사랑의 행동으로서의 창조는 삼위일체론의 선상에서 표현되어야 한다고 논증한다. 창조를 향한 성부의 선하심은 성부가 모든 영원으로부터 성령 안에서 성자를 위하여 가졌던 사랑을 반영하며, 그리고 그것은 성령 안에서 성자에 의해서 성부에게로 되돌려서 주어진다. 그러므로 창조는 하나님의 영원한 사랑 및 존재와 일관성을 가진다. 그것은 우연적인 의지의 행동이 아니라 삼위일체적인 존재 안에 있는 인격적 사랑의 자유로운 표현이다.[27] 에버하트 융엘(Eberhard Jungel)은 삼위일체의 영원한 관계들과 세계의 시간적인 유래 사이의 구별을 유지하기 위한 그 이상의 이유를 내 놓는다. 하나님과 세계의 관계를 확립하는 은총, [받을 만한 권리가 없는 호의는 성부로부터 성자의 영원한 오심과 하나님으로부터 인간 피조물의 시간적인 옴 사이의 구별을 유지함으로 인식된다.[28]

이 토론에서 아직도 거의 풀리지 않은 어려움은 창조에서의 하나님의 자유가 하나님이 우주를 창조하지 않으시기로 선택할 수도 있었는가 아닌가 하는 것이다. 이 하나님의 자유의 건설은 확실히 독단적인 것처럼 보인다. 그것은 아마도 무로부터의 창조의 개념 위에 놓아서는 안 된다. 그러나 만약 인격적이고 창조적이고 은혜로운 하나님의 주도권이 이해되어야 한다면 자유로운 행동으로서의 창조가 유지될 필요가 있다. 만약 우리가 하나님의 자유를 더 이상 해명할 수 없다면, 우리는 철학자들과 신학자들이 인간의 자유를 해명한 것을 회상할 수 있을 것이다. 만약 우리 자신의 경우에서 자유가 이해되지 않는 개념이라면 신적 자유가 그런 것과 같이 우리는 과도하게 근심하지 않아야 할 것이다.

단지 말장난 이상이 여기에 있다. 그 안에서 우리가 하나님과 세계 사이의 관계를 생각하는 과정 안에 많은 위태로움이 있다. 무로부터의 [창조] 전승은 하나님의 능력과 주권적인 의지를 과도하게 강조했을 수 있다. 그러나 이것들을 첫 번째로 방어하는 강력한 종교적 이유가 있었다. 하나님의 초월성과 자유는 하나님과 창조 사이의 상호작용을 위한 필연적인 조건들이었다. 하나님의 타자성을 표현함에 있어서, **무로부터의** 전승 역시 계약, 성육신, 구속 및 종말론적 대완성이라는 성서적 주제들의 뜻이 이해되게 하려고 추구하였다. 이것들은 하나님과 창조의 상호작용의 가능성 위에서 예측된다. 그러나 유출의 관념은 보다 더 인격적인 이 모델을 위하여 유기적인 창조 모델을 대체하는 경향이 있다. 하나님의 자유, 의도 및 대리 행위 등의 개념들은 하나님의 삶이 우주의 과정의 일부인 곳에서는 유지되기 어렵다. 필연적인 하나님의 본성을 의존적인 세계의 본성으로부터 적절하게 구별하는데 실패함으로, 자유와 의도의 유형에 의해서 특징지어지는 이 양자 사이의 상호작용하는 관계는 수용하기가 어렵다.

철학자 존 맥머레이(John Macmurray)는 그의 글에서 물질적, 유기적 및 인격적 활동의 형식들 사이의 차이를 반복저으로 지적한다. 유기적 단계의 활동에서는 삶의 목적에 대하여 그 자체의 자연발생적인 적응의 형식을 취한다. 인격적인 단계에서는 지식, 감사 및 다른 것들과의 교통을 위한 욕구에 근거하여 자유로운 활동이 일어난다. 인격적인 자유는 인격들이 구별되고 하나의 유기적인 과정의 일부가 아닌 곳에서만 가능하다.[29]

보다 최근의 신학에서 유출과 내재성의 모델로의 이동은 그 안에서 특별한 방식으로 그들의 존재가 관계하기 위해서 필요한 하나님과 세계의 존재론적인 격리의 길에 대한 시야를 상실했다. 이것은 많은 기독교의 중심적인 주제들에 비우호적인 하나님-세계 관계의 비인격화로 인도한다. 이 점에 있어서 하나님의 초월성과 내재성은 배타적인 개념이라기보다는 상호 의존적이다. 하나님의 타자성은 하나님의 은총의 필연적인 조건이다. 창조의 순전한 무상성(gratuitousness)은 그 의존성의 필연적인 조건이다. 하나님의 주권은 성육신 안에서의 신적 자기-비하의 필연적인 조건이다. 현대신학에서 배타적으로 내재적인 사고의 유형들로의 표류는 하나님과 하나님의 활동의 측면들을 수용하기 어렵게 만드는데, 왜냐하면 성서와 전승은 인격적인 언어를 사용하였기 때문이다.[30]

✍ 우주론적 증명

무로부터의 창조론은 단지 신학적 이유만으로 추천된 것은 아니다. 그것은 철학적으로 이 이론이 "왜 어떤 것은 있고 없지 않은가?"라는 오래된 질문에 대해 유일하게 충분한 답변이라고 논증되었다. 우주론적 논증은 다양한 형태를 취한다. 그러나 본질적으로 무로부터의 창조에 대한 호소는 단순성과 설명하는 능력의 고려에 기초한다. 이 논증들 가운데 두 개의 주요 형식은 이슬람과 기독교 사상에서 찾을 수 있다.[31] 소위 칼람(Kalam) 우주론적 논증(칼람은 아랍어로 "연설"인데, 중세 이슬람에서 철학적 신학의 특정 학파를 가리킨다)은 우리의 시간적, 인과적 지식으로부터 하나님이 우주의 충분한 원인이라는 결론으로 역행하는 논증을 한다. 그것은 여러 무슬림 사상가들에 의해서 발전되었는데, 그들은 그것을 존 필로포누스로부터 빌렸을 것이다. 모든 사건은 그에 앞서는 원인을 가져야 한다는 원칙으로부터, 세계 그 자체는 그에 앞서는 원인, 즉 하나님을 가져야 한다고 논증하였다. 오직 인격적인 하나님의 의지만이 세계가 그와 같은 형태를 취한 것에 대한 적합한 인과적 설명이다. 하나의 증명으로서

이 논증이 가진 어려움은 끝없이 거슬러 올라가는 영속적이고 시간적인 일련의 원인들을 논리적으로 배제하기 어렵다는 것이다. 또한 세계가 충분한 원인을 가지지 않았을 것이다. 즉 그것은 원인이 없이 존재하게 되었을 것이라는 가정 역시 결정적으로 거부하기가 어렵다.

우주론적 논증의 또 다른 변형 역시 중세기 무슬림 사상가들에게서 발견되는데, 세계의 유일하고 적절한 설명으로서 하나님의 개념에 호소한다. 이것은 원인들의 시간적인 역행에 기초한 논증이 아니다. 그것은 보다 더 넓은 합리적 설명의 개념 위에 기초한다. 그것은 오직 필연적이 하나님만이 이 우주가 시간 안에 시작을 가지고 있는지 아닌지 우연적인 우주에 대한 설명을 할 수 있다고 주장한다.

이 논증의 가장 유명한 변형은 독일의 합리주의 철학자 라이프니츠(Leibniz, 1646~1716)에게서 발견된다. 라이프니츠는 그것이 그렇게 존재하고 다르게 되지 않기 위한 충분한 이유가 없이는 아무 것도 일어나지 않는다고 주장하는 원리에 호소한다. 이것은 충족이유율(principle of sufficient reason)이라고 알려졌다. 우리의 매일의 삶에서 우리는 이 원리를 채용하며, 그것은 자주 우리가 알아낸 결과에 의해서 검증된다. 역사가들, 조사관들 및 박사들이 그들의 전문적인 활동 영역에서 그들이 직면하는 현상들의 충분한 설명을 수색한다. 만약 아무 것도 찾을 수 없다면, 이것은 설명할 수 있는 이유의 객관적 부재라기보다는 인간의 무지의 결과라고 가정한다.

라이프니츠에 의하면, 전체로서의 세계는 설명을 요구한다. 왜냐하면 그것이 달랐을 수 있었으며 진실로 결코 존재하지 않을 수도 있었기 때문이다. 유일하게 완전하고 최종적으로 사용 가능한 설명은 하나님인데, 그분은 존재에 있어서 영원하고 필연적이어야 하며, 그렇지 않다면 하나님 역시 어떤 설명이 요구될 것이다. 그러므로 모든 것의 설명을 위한 최종적인 쉼터, 즉 왜 어떤 것이 있고 없지 아니한가의 질문에 대한 대답은 하나님이어야 한다. 이 논증은 인상적인 것처럼 보이지만 그러나 그것은 결정적인가? 그것은 데이비드 흄(David Hume)과 같은 거친-마음을 가진 반대자가 단순하게 우주 그 자체가 충분한 설명을 가져야 한다는 것을 부인하는 것을 반박할 수 있는가?

하나님의 **무로부터의 창조**를 가정하는 것은 다른 가설이 설명되지 않은 채 남아 있는 어떤 것 위에서 우주에 대한 설명을 제안하는 것이다. 하나님 가설이 선호되는 이유는 그것이 우주나 어떤 형태의 원초적인 질료가 단지 적나라한 사실이라는 경쟁적인 견해보다 더 단순하고 더 탁월하게 설명하는 힘을 가졌기 때문이다.

이 논증의 가장 수용할 만한 방어는 리처드 스윈번(Richard Swin-burne)의 최근의 저술에서 발견될 수 있다. 스윈번은 우주론적 논증이 연역법적으로 타당하다고 논증하지 않는다. 대신에, 그는 그것이 하나님의 존재의 그럴듯함에 공헌하는 정도만큼 귀납법적으로 타당하다고 주장한다. 전통적인 유신론—유대교, 기독교 및 이슬람을 포함하는 개념—은 전체 우주의 존재, 질서 및 특징을 설명해 줄 수 있는 엄청난 힘을 가지고 있다. 그것은 그 안에 무한한 지식과 능력과 자유를 가진 하나의 이유, 즉 하나님을 가정하는 단순성을 소유한다. 하나님의 무한한 속성들은 이것들의 소유에 한계가 없을 정도라고 단순하게 고려될 수 있을 것이다.

그렇게 우리의 우주는 존재한다. 그것은 광대하고, 모든 곳에 퍼져 있는 시간적 질서이며, 자연은 공식에 대한 순응성을 가지고 있으며, 인간에 의해서 고안된 과학 법칙들 안에 기록된다는 특징들을 가지고 있다. 그것은 동물들과 인간들의 진화에로 인도하는 방식으로 출발하였다 (또는 영원성을 통하여 그런 두드러진 점들에 의해서 특징지어졌다). 이러한 현상들은 명백하게 과학이 설명하기에는 '너무 큰' 것들이다. 그것들은 과학이 멈추는 곳에 있다. 그것들은 과학 그 자체의 뼈대를 구성한다. 나는 과학이 작동하는 곳에서 설명이 멈춘다고 상상하는 것은 합리적인 결론이 아니라고 논증하였다. 그리하여 우리는 실존의 인격적인 설명, 법칙에 대한 순응, 우주의 진화적 가능성을 추구해야 한다. 유신론은 단지 그러한 설명을 제공한다.[32]

나는 이 논증 안에 어떤 것이 있다고 생각한다. 그러나 문제는 그것이 얼마나 큰지 정확하게 평가하기 어렵다는 것이다. 그것은 어떤 힘을 가지고 무로부터의 창조론은 다른 쪽의 서술이 해명할 수 없는 신비로 남아야 한다고 설명할 수 있다고 주장한다. 이런 정도만큼 그것은 설득력이 있다. 그러나 그것은 어느 정도의 개연성으로 그것이 조화되어야 하는지를 결정하기가 더 어렵다. 바로 이 경우의 본성 때문에 개연성의 수준을 평가하는 아무런 배경에 대한 고려나 전제가 없다. 단순성의 개념에 부속된 그 이상의 문제가 있다. 무제한적인 힘을 가진 존재라는 것이 단순한 설명인가? 다른 판단 기준 위에서 볼 때, 이것은 아마도 최소한의 단순히 이용 가능한 가설이 될 수 있을 것이다. 왜냐하면 그것은 모든 다른 알려진 존재로부터 철저하게 다른 존재를 가정하기 때문이다. 마지막으로, 유신론의 설명하는 힘을 위한 이 논증은 악의 문제에 대항하여 비틀거린다. 도덕적 선과 힘에 의해서 건설된 우주가 그러한 현저한 수준의 자연적이고 도덕적인 악을 포함할 수 있는가?

나는 우주의 존재가 그들에게 순전한 신비인 사람들의 견해를 확증할 수 있다는 스윈번의 논증이 의심스럽다. 그것은 세계에 대한 유일하게 완성된 설명은 그것을 넘어서서 하나님 안에 놓여 있다고 지적한다. 비트겐슈타인(Wittgenstein)은 언젠가 이렇게 묘사될 수 있는 경험을 한 적이 있었다고 한다. "내가 그것을 가졌을 때 나는 세계의 존재를 의심하였다. 그 때 나는 '어떤 것이 존재해야 한다는 것은 얼마나 특별한가!' 또는 '세계가 존재해야 한다는 것은 얼마나 특별한가!'라는 구절들을 사용하고 싶어졌다."[33] 존재의 생경함에 대한 이 직관을 위해서, 아마도 우주론적 논증은 어떤 힘을 가지고 있을 수 있다. 홉킨스가 말한 내적 본성의 어떤 의미를 가지고 있는 사람들에게, 그리고 '이것,' 즉 물리 세계의 구별성과 유형에 대해 경탄하는 자에게, 이 논증은 아마 일종의 종교적 직관을 착수할 수 있을 것이다. 그러나 다른 사람들은 그것을 넘어서 어떤 것에 연관하여 세계를 설명할 필요를 지각하지 않는 자들이 있다. 그들에게 이런 논증은 아무 힘이 없다. 리처드 도킨스(Richard Dawkins)의 이 견해를 생각해 보라.

어떤 책에서 옳은 것과 마찬가지로 틀린 것을 볼 수 있는 것은

명백한 저술의 덕목이다. 리처드 스윈번은 명백하다. 당신은 그가
어디로부터 오는지 볼 수 있다. 당신은 또한 그가 어디로 가고 있
는지도 볼 수 있다. 그리고 그 자신의 바나나 껍질로부터 나와서
사랑스럽게 주장하고, '여기에 서라'고 대담하게 표시한 곳에 화살
을 집중하는 도중에 사랑받게 하는 어떤 것이 있다. 스윈번 같이
명백한 작가가 그의 직업의 정상에 올랐다는 것은 놀랍다. 신학은
모호주의(obscurantism, 반계몽주의)가 성공에 이르는 정상적인 길
이 되는 그런 분야이다....우주의 모든 분자들 하나하나의 지위를
지속적으로 감시할 수 있는 하나님은 단순할 수 없으시다. 그러므
로 그의 존재는 그 자신의 권리로 약간의 설명을 할 필요가 있게
될 것이다.[34]

이 악담은 스윈번에게는 거의 정당하지 않다. 그러나 그것은
이런 유형의 변증적 논증의 한계를 지적한다. 창조 신앙을 이미
견지하고 있는 자들에게 그것은 좋은 의미가 될 것이다. 그렇지
않으면 하나님의 존재에 대해 놀라게 되는 것을 설명할 수 있다.
그러나 우주 안에 있는 궁극적 함의나 목적을 지각하지 않는 다른
사람들에게 이 논증은 확신을 주지 않을 것이다. 그것은 단지 하
나님이 아무런 설명도 하실 수 없다는 것에 대한 새로운 문제와
다른 종류의 놀라움을 줄 것이다.

✍ 빅뱅이론

이 맥락에서, 최근의 우주론의 빛에서 무로부터의 창조론을 숙

고하는 것은 가치가 있다. 20세기 초 우주에 대해 경쟁하는 빅뱅 모델과 정상우주론(steady-state) 모델 사이의 논쟁들은 이제 전자에 대한 지지로 선회하였다. 우주가 무한한 밀도의 한 점으로부터 거대한 불덩어리 안에서 시작되었다는 가설은 광범위하게 수용되었다.

그것은 세 개의 근본적인 관찰들에 의해서 확정되었다.[35] (a) 은하들이 우리로부터 멀어져 가고, 우주가 확장하는 속도는 약 150억 년 전쯤의 최초의 빅뱅에 의해서 설명된다. (b) 우주를 가로질러 모든 곳으로부터 오는 우주 배경 방사(radiation) 신호들은 150억년 동안의 '우주 주위를 방황하여 그 열을 식힌' 다음 최초의 불덩어리로부터 나오는 것으로 설명될 수 있다. (c) 빅뱅은 또한 우주 어디에서나 발견되는 내용물의 측정을 설명할 수 있다. 그리하여 몇 분 안에 식어 내린 상상할 수 없는 열의 폭발이 원자들의 75%가 수소요, 25%가 헬륨이요, 약간의 중수소(deuterium)와 리튬(lithium) 등으로 된 상태를 만들어 냈다.

빅뱅 우주론은 우리 시대의 위대한 지적 성취들 가운데 하나이다. 그것은 우리의 우주의 기원들, 그것의 현재의 상태 및 미래의 모양에 대한 웅장한 설명을 제공한다. 특별히, 우주의 역사의 처음 밀리세컨드[천분의 일초]에 대한 반성들이 숨이 막힐 듯한 방식으로 은하들, 행성들 및 이곳 지상에서의 다른 생명 형태들을 가져온 과정들을 묘사한다. 아이언 바버(Ian Barbour)에게서 인용된 아래의 우주의 역사에 대한 표는 빅뱅이론에 의해서 제안된 유용한 전체적 조망을 제공한다.[36]

시간	온도(℃)	변화
150억년		(현재)
100억년		행성의 형성
10억년		은하의 형성 (무거운 요소)
50만년	2000	원자의 형성 (가벼운 요소)
3분	10^{9}	핵의 형성 (수소, 헬륨)
10^{-4}초	10^{12}	쿼크로부터 양성자와 중성자 형성
10^{-10}초	10^{15}	약력, 전자기력이 분리됨
10^{-35}초	10^{28}	강한 핵력이 분리됨
10^{-43}초	10^{32}	중력이 분리됨
(0	무한	특이점?)

광범위하게 수용된 이 이론의 신학적 지위는 무엇인가? 이 질문을 처리하는 가운데 가장 많이 토론된 것은 스티븐 호킹(Stephen Hawking)의 〈시간의 역사〉(A Brief History of Time)이다.[37] 1988년에 출판되어 1993년까지 전 세계에서 550만 부가 판매되었다. 이 성공의 비밀을 밝혀내기는 어렵다.

이 책은 읽기 어렵고 많은 과학[이론]은 비전문가가 파악하기 어렵다. 버나드 레빈(Bernard Levin)은 언젠가 그는 결코 첫 30페이지를 넘어갈 수 없었으며, 〈시간의 역사〉를 성경과 같은 것으로 간주했다고 고백하였다. 대부분의 가정은 이 책을 한 권씩은 가지고 있지만, 그것은 영원히 책꽂이 선반 위에서 읽히지 않고 꽂혀 있을 것이다. 아마도 이 책에 대한 열광은 이 책의 저자의 생애의 이야기에 관한 것 때문일 것이다. 안젤라 틸비는 다음과 같이 그녀가 그를 만난 것을 묘사하였다.

스티븐 호킹은 우리 시대의 지혜의 인물이 되었다. 그의 한쪽으로 치우쳐서 웃는 얼굴과 뒤틀린 모습이 정신적 힘과 지식의 아이콘으로서 아인슈타인(Einstein)의 얼굴을 대치하였다. 그는 이제 로봇 같은 미국식 악센트의 컴퓨터로 작동되는 목소리의 도움으로 말한다. 그러므로 그는 특별하게 시간과 관계로부터 격리되었다....그는 대부분의 사람들보다 더 잘 살아남았는데, 왜냐하면 그는 그의 마음속에 충분히 살아갈 수 있는 지성적인 특별한 능력을 가졌기 때문이다. 내가 한 번은 그가 자신의 병에 대해서 한 번이라도 화를 내거나 괴로웠던 적이 있었는지 물어 보았다. 그는 자신을 진정으로 장애인이라고 간주하지 않았다고 말했다. "당신이 우주의 작동법에 대해서 다룰 때, 운동하는 것과 말할 때 갖는 약간의 기계적인 어려움은 중요하지 않은 것처럼 보인다." 이것은 영웅주의인가 아니면 그것의 부정인가? 그것은 말할 수 없다. 아마도 양쪽 다일 것이다.[38]

호킹은 빅뱅이론이 최초의 특이점이 오기 전의 한 점에 하나님의 존재를 명백하게 요청하지 않는다는 것을 보여 주려고 시도하였다. 그의 견해는 광범위하게 퍼졌다. 그는 여하튼 하나님을 필요 없는 것으로 만들었다고 암시되었다. 호킹 자신이 이렇게 생각하는지 아닌지 의심스럽지만, 그러나 그것은 그의 책에 대한 칼 세이건(Karl Sagan)의 서문에 나타나 있는 견해이다. 거기에서 그는 호킹이 공간적으로 끝이 없고, 시간적으로 시작과 끝이 없는 우주는 그 안에서 창조자가 할 수 있는 것이 아무 것도 없는 곳이라는 것을 보여 주었다고 암시한다.

호킹은 어떻게 그가 1981년 바티칸이 초대한 학회에 참석하였는지 말한다. 교황은 빅뱅이 창조의 순간이었으며 그러므로 하나님의 일이었기 때문에 그것을 설명하려고 요구하는 것은 부적절하다고 과학자들에게 훈계하였다. 같은 학회에서 호킹은 시간과 공간은 크기가 유한하지만 경계나 가장자리가 없는 표면을 형성하였다는 생각을 내 놓았다. 그러므로 우주는 최초의 장소가 없다. 그것은 자기 함축적이며 신적인 설명이 필요 없다. "우주가 시작을 가지는 한, 우리는 그것이 창조자를 가졌다고 상상할 수 있다. 그러나 만약 우주가 진정으로 완전하게 자기 함축적이라면, 그래서 경계나 가장자리가 없다면, 그것은 시작도 끝도 없을 것이다: 그것은 단순히 존재할 것이다. 그러면 창조자를 위한 자리가 어디 있는가?"[39]

호킹의 제안은 [구스(Guth)의 인플레이션이론과 같이] 빅뱅 이외에는 괴팍스럽고 특이하다는 주장을 하려는 시도이다. 그의 언급은 시간이 0(특이점 개념)이라는 절대적인 개념과 함께 표준적인 빅뱅우주론이 하나님의 존재의 가정을 불가피하게 만든다는 신념을 반영할 수 있다. 그는 언젠가 이렇게 말한 것으로 보고되었다. "만약 가장자리가 있다면, 당신은 진정으로 하나님을 간청해야 할 것이다."[40] 굴절하는 공간-시간적 차원을 위한 그의 논증은 우주의 공간적 시간적 경계의 의미를 제거하기 위한 시도이다. 그러므로 그는 하나님에 대한 어떠한 쉬운 추론이라도 저지하려고 노력한다. 아마도 이것은 과학적 이해에 있는 빈틈들을 채우기 위해 하나님께 호소하는 위험이 언제나 있어 왔던 것과 마찬가지일 수 있을 것이다. 다른 한편, 하나님이 아무런 설명하는 역할을 할 수 없거나 아니면 과학적 역할이 신학적 설명을 대신할 수 있다고 생각하는 것이 잘못일 수도 있을 것이다. 창조의 개념은 과학이 무너질 때보다 앞선 것으로 인정될 수 없다. 그것은 과학적 이론 안에 있는 빈틈이나 결함을 메우려는 시도가 아니다. 그것은 오히려 우연한 우주와 전체 과학적 기업의 완벽함을 설명하는 다른 질서의 설명이다. 창조는 결코 우주론자에 의해서 추적될 수 있는 시간이 측정될 수 있는 사건으로 다루어진 적이 없다. 그의 책에서 많이 인용된 부분의 호킹의 논평은 논쟁적이고 과장되었다. 그러나 그에게 있어서조차 하나님의 역할은 불필요한 것으로부터 거리가 멀다. 그가 다른 곳에서 했던 논평으로부터 볼 때 이것은 자명하다. "방정식 안으로 불을 토하는 것과 그들이 통치하도록 우주를 만드는 것은 무엇인가? 비록 과학이 어떻게 우주가 시작하였는지의 문제를 풀 수 있다고 하더라도, 그것은 이런 질문에 답할 수 없다: 왜 우주는 존재하는 수고하기를 마지않는가? 나는 그것에 대한 답을 알지 못한다."[41]

하나님-세계에 대한 전통적 설명은 하나님을 세계의 시간적 과정의 일부로 만들지 않는다. 그것은 전체 공간-시간적 우주는 우연적이라고 주장하며, 그리고 그것은 창조하고 유지하는 하나님의 행동에 의존한다고 주장한다. 이것과 연관하여 볼 때, 창조는 과학의 이론에 의해서 확증되거나 반증되고 측정될 수 있는 사건의 가설이 아니다. 이것이 호킹에 대한 표준적이고 합당한 반응이다.[42] 다른 한편은, 빅뱅우주론이나 정상우주론과 양립할 수 있는 창조에 대한 기독교의 설명을 만드는 응답이다. 하나님에 대한 우주의 의존은—신적인 보존과 유지의 덕분으로—시작이 있는 우주와 마찬가지로, 시간 안에서 끝없이 뒤로 뻗어가는 것으로 주장될 수 있을 것이다. 이 점은 E. L. 마스칼(Mascall)이 무시간적인 행동의 창조는 '시간적인 측정이 보다 더 낮은 경계를 가지든지 아니면 시간적인 측정이 [보다 더 낮은 경계를] 가지지 않든지'[43] 할 수 있는 세계의 창조라고 말한 것은 잘 표현되었다. 그러나 빅뱅우주론에 호의적인 합의가 오늘날 신학과 과학 사이에 보다 더 큰 동의를 조장할 수 있을까? 만약 있다면, 빅뱅은 어떤 신학적 차이를 만들어 내는가?

창조에 대한 신학적 설명은 우주가 시작을 가졌으며 그리고 그것은 끝을 가질 것이라고 암시한다. 역사는 순환적이고 영원하기보다는 직선적이고 유한하다. 현대 과학도 마찬가지로 우주가 시작을 가지고 있으며, 그리고 그것이 대수축이든지 아니면 열로 인한 느린 죽음이든지 그것은 끝이 있을 것이라고 암시한다. 비록 이 이야기의 앞쪽 끝에서 얻었던 것의 많은 부분을 이제 뒤쪽 끝에서 잃었지만, 적어도 이 정도만큼은 신학과 현대 과학 사이에 집결이 있다. "우주 전체가 에너지도 없고 질료도 없는 가득 찬 상태로 전부 다 사라지는 종말은 성서에 의해 선포된 구원은 거의 아닐 것이다."[44]

우리는 마지막 장에서 좀 더 자세하게 이 종말론적 문제를 검토할 것이다. 그럼에도 불구하고, 시작과 끝이 있는 우연적인 우주와 하나의 방향을 가진 시간의 흐름이 정상우주론(steady-state theory)의 영원한 우주보다 성서적 세계관을 더 의미 있게 만든다. 물론 이것은 하나님의 창조적 작업이 그 안에서 우주가 존재하게 된 최초의 행동에 의해서 소진되었다는 것을 말하려는 것은 아니다. 이것은 창조에서 본질적인 부분이지만 그것은 이신론에서와 같이 전체 그림은 아니다. 하나님의 작업은 우주의 역사를 통해서 그것을 그 지정된 끝으로 가져옴으로 계속된다. 이 점에 있어서, 고전적인 무로부터의 창조와 계속되는 창조(creatio continua) 개념들은 경쟁적이기보다는 보완적인 개념들이다.

빅뱅우주론과 무로부터의 창조론 사이에는 아무런 필연적인 관계성이 없다. 이 점에 있어서, 과학과 신학은 서로 다른 수준에서 설명들을 제시한다. 그러나 이 양자 사이의 동의가 인지될 수 있다. 이것은 이먼 맥멀린(Eman McMullin)에 의해서 칭찬할 만하게 조심스럽게 진술되었다. "만약 우주가 창조자의 행동을 통해서 시간 안에서 시작이 되었다면, 우리의 시점 또는 견해에서 볼 때 그것은 빅뱅우주론자들이 지금 말하고 있는 것과 어느 정도 비슷할 것이다."[45] 물론 이것 전후의 많은 다른 우주들의 존재를 가정하는 것이 가능하지만, 그러나 우리가 아는 한 이것은 존재해오고 있는 유일한 것이다.

우리가 그것과 함께 현존하고 있는 세계관은 거기로부터 우주의 역사가 나오는 유한한 체계의 잔여물이다. 그것의 첫 번째 사건이 아니라, 그 기원의 문제는 사라지지 않을 것이다.[46] 열역학 제2법칙[엔트로피 증가]은 우리가 은하, 별, 행성 및 의식적인 생명체 등에 관해서 지금 알고 있는 우주의 시작과 끝에 관해서 생각하기를 요구한다. 호킹이 시도하고 있는 것은 과학적으로는 상당히 흥미 있는 것일 수 있지만, 그러나 그것은 신학적으로는 별로 중요하지 않다. 그의 우주론은 우리를 아리스토텔레스나 정상우주론의 영원한 우주로 되돌아가게 할 수 없다. 그리고 비록 그것이 그렇게 했어도 우주가 하나의 설명을 가졌는지 아니면 단지 적나라한 사실인지의 질문을 불필요하게 만들지 않을 것이다.

이 점은 존 루카스(John Lucas)에 의한 날카로운 안도감으로 들어가게 한다. 호킹이 주장하는 것처럼, 그는 마치 빅뱅에 관해서 최초의 양자의 변화에 앞서서 무엇이 일어났는지 묻는 것은 거의 의미가 없으며, 우리는 여전히 이것을 어떤 다른 시간적 연관의 구조, 예컨대, 하나님의 시간에 관해서 이해될 수 있는 문제로 볼 수 있을 것이라고 논증한다.

> 우리가 우주의 역사의 대부분의 시간과 관련하는 물리적 변동(parameters)의 어떤 것—엔트로피 또는 우주의 공간적 용량—은 빅뱅 이전의 과거로 추정될 수 없다. 그리하여 우리는 그것들의 유사(quasi)-시간적인 질문을 물을 수 없다. 그러나 그것은 우리가 결코 시간적인 질문을 할 수 없다는 것을 의미하지는 않는다. 왜냐하면 시간은 변화와 공존한다는 의미에서, 오직 물리적 변동에 연관해서만 정의되지 않으며, 다른 비물리적 개념들, 예컨대, 정신적 개념들과 연관된다. 유신론자는 하나님이 빅뱅 이전에 무엇을 하고 계셨는지 완전히 이해될 수 있도록 질문할 수 있으며, 그리고 무신론자조차도 빅뱅의 순간에 육체가 없는 지성을 가설적으로 상상하고 그의 경험이 무엇과 같을지에 대해서 생각할 수 있다.[47]

(물론 이 응답은 하나님의 시간성을 서술하므로, 전통적인 하나님의 무시간성에 대한 견해와는 차이가 있다. 세계의 창조 이전에 하나님이 무엇을 했는가에 대한 질문에 대한 그의 답변에서 어거스틴은 처음에는 하나님이 신비 안으로 파고드는 자들을 위해 지옥을 준비하셨다는 기발

한 생각으로 응수할 것을 생각하였다. 그러나 더욱 더 진지한 그의 응답은 그 질문은 아무 의미가 없다는 것이었다. 왜냐하면 시간은 오직 창조된 실재의 측면에서만 존재하기 때문이다. 이와 대조적으로 하나님은 무시간적이시다.[48] 그러나 이 응답은 무시간적인 존재는 성서적인 하나님의 개념에서 중심적인 의도, 행동, 지식, 고난 및 사랑과 같은 개념들을 서술하기 어렵게 만든다는 근거에서 최근의 신학과 종교철학의 공격을 받고 있다.[49])

단지 우주의 존재를 넘어서서 우주의 모습에 대해서 창조론이 제공하는 설명은 그것의 질서와 유익성이다. 소위 인간적인(anthropic) 원리의 수호자들은 우리에게 우리와 같이 별들을 회전하는 행성 위에 의식적인 생명을 생산할 수 있는 우주는 대단히 잘 조절이 된 구조를 가져야 한다는 것을 상기시킨다. 신적인 창조론은 우주를 하나의 적나라한 사실로 취급하면 설명될 수 없는 것처럼 보이는 방식으로 이것을 설명할 수 있다. 우리는 이것을 다음 장에서 살펴볼 것이다.

제3장
창조와 진화

✍ 다원주의의 도전

모든 알려진 생명체의 종류들 가운데 오늘날 단지 약 10%만이 아직 살아 있다. 모든 다른 종류들―환상적인 식물들, 보통의 식물들, 상상할 수 없을 정도로 다양한 날개들, 꼬리들, 이빨들, 뇌들을 가진 동물들―은 철저하게 영원히 사라졌다. 창조된 종류들은 어마어마하게 많다. 오늘날 살아 있는 종류들의 열배나 많은 생명체들이 내가 생각할 수 있는 것보다 훨씬 더 많은 그 이상이다. 왜 그렇게 많은 종류들이 있는가? 왜 단지 하나의 수소 원자가 아닌가? 창조자는 정당한 이유가 없어 보이는 원기 왕성함으로, 이해할 수 없는 원천으로부터 발생하는 자제하지 않는 에너지를 가지고, 황야를 특정한 하나씩 또는 동시에 수백만씩 갑자기 바꾼다. 여기에서는 무엇이 진행되고 있는가?….불가지론의 질문은 "누가 불을 켰는가?"이다. 신앙의 질문은 "무엇을 위해서인가?"이다.[1]

위의 인용문은 애니 딜라드(Annie Dillard)가 그의 소설 〈팅커 크릭의 순례자〉(Pilgrim at Tinker Creek)에서 한 말인데, 우리의 행성의 생명의 역사를 조망하면서 우리가 경험하는 놀라움과 곤혹

스러움을 설명한다. 생명종류의 다양성과 복잡성은 우리의 놀라움을 불러일으킨다. 그러나 이 과정의 낭비와 가혹함으로 보이는 것이 질문들을 불러일으킨다. 종교와 과학에 대한 요즈음의 논쟁에서 눈에 띄는 모습은 물리학자들과 생물학자들 사이에서 때때로 발견되는 태도의 차이이다. 질서, 수학적 우아함, 그리고 우주의 잘 조정됨에 의해서 감명을 받은 많은 물리학자들은 하나님의 존재에 대한 설계 논증의 매우 복잡한 변형들을 연습했다. 그들의 차이에도 불구하고 우리는 폴 데이비스(Paul Davies), 존 폴킹혼(John Polkinghorne), 아이언 바버 및 럿셀 스테나드의 글에서 우주의 가장 근본적인 모습들의 일부를 위한 종교의 설명을 동정적으로 숙고할 준비가 되었음을 발견한다. 다른 한편, 많은 생물학자들―가장 유명한 리처드 도킨스―가운데서 우리는 신학의 주장들을 향한 회의주의와 심지어 적개심과 조우한다. 이것은 진화론적 조망과 함께 많은 할 일을 가지는데, 그것은 지구상에 생명의 출현에서 그렇게 많은 닥치는 대로의 변화, 쓸모없는 폐허와 격렬한 고통을 본다. 애니 딜라드의 질문들은 물리학자와 생물학자의 대조적인 조망들을 요약한다. 물리학자는 '누가 빛을 켰는가?'라는 질문을 불러일으키는 것 같고, 반면에 생물학자는 '무엇을 위해서?'라고 물으면서 당혹해 한다.

　　의심할 것 없이 이것은 지나치게 단순화한 것이다. 그러나 그것은 일반 대중과 소통할 수 있는 과학자들에 의한 우리의 문화적인 자기 이해를 위해 만들어진 중요한 공헌을 위장하지 않는다. 이 점은 존 브로크만(John Brockman)이 지도적인 과학자들에 의해서 쓰여진 논문들을 모은 최근의 책 〈제3의 문화〉(The Third Culture)

에 의해서 강력하게 만들어진 것이다.[2] 우리의 상황은 그 안에서 현대 과학과의 진지한 만남을 가지는 데 실패하고 있는 문학적 지성인 가운데 있는데, 포스트모더니즘의 전문어에 올라탄 이론들에 사로잡힘으로 광범위한 대중과의 접촉을 상실하였다고 그는 논증한다. 대조에 의해서 경주는 이제 공적인 청중과의 직접적인 소통을 찾는 지도적인 과학자들에 의해서 만들어지고 있다. 그러므로 물리학자들, 생물학자들, 컴퓨터 과학자들 및 심리학자들은 이제 어마어마하게 팔리며 대중문화에 영향을 끼치는 책들을 생산한다.

신학은 현대 과학과의 진지한 관여를 피할 수 없다. 많은 교회 교인들은 자연과학 분야에서 일하면서 그들의 신앙에 대한 중대한 질문을 가진 채 직장 생활을 하고 있다. 더구나, 다른 분야의 최선의 통찰을 수용하는 신학의 능력을 시위해야 할 필요는 실재론자가 주장하는 진리에 의해서 필요하게 된 변증적 과제이다. 그러나 개신교회를 위해서 진화론은 대체로 가장 효과적인 방식으로 만나지 못한 중요한 도전을 제공하였다. 가끔 갈릴레오의 태양중심적 가설에 대해서는 로마 가톨릭교회가 더 큰 어려움을 겪었으나 다윈에 대해서 더 큰 어려움을 겪은 것은 개신교회였다고 말해졌다.[3]

〈종의 기원〉의 마지막 장에서 다윈은 새로운 종들의 출현과 점진적인 완전을 기관들과 본능들의 다양성, 그리고 이 다양성들 가운데 가장 유익한 것의 보존으로 인도하는 생존 경쟁에 근거하여 설명할 수 있었다. 다윈은 진화의 개념을 발명하지 않았으며, 그는 처음에는 철학자 맬서스(Malthus)로부터 자연 선택의 관념과

조우하였다. 그러나 그는 자연 선택에 의한 진화를 지지하는 과
학적 증거를 처음으로 제공한 사람이었다. 그의 가설은 별도의
종들이 창조의 특별한 섭리적 행동에 의해서 존재하게 되었다는
기존의 기독교의 견해보다 더 유리한 점들을 가졌다. 다윈의 서
술은 종들과 그들 안에 있는 다양성들 사이의 차이 안에 있는 불
투명함을 더 잘 설명할 수 있었다; 그것은 수영을 위해서 사용되
지 않는 물갈퀴가 있는 발을 가진 고산 지대의 거위들과 같은 변
종들을 설명할 수 있었다; 그리고 그것은 침을 사용한 다음에 죽
는 벌의 경우나 애벌레의 몸속으로 먹이를 주는 맵시벌처럼 불완
전한 적응을 위해 서술할 수 있을 것이다.[4]

다윈주의는 변화와 적응의 원리를 통해서 공통의 조상으로부
터의 살아 있는 유기체의 출현을 설명하려고 시도하였다. 환경적
인 압력 하에서, 종들 안에 있는 무작위의 생리학적인 차이들은
생존경쟁에서의 유익을 비교할 수 있다. 가장 유리한 변종들(vari-
ations)을 소유한 개체들은 생존과 재생산에 더욱 더 성공적이다.
이 변종들을 물려받은 뒤따르는 인구와 오랜 기간이 지난 후 중요
한 변화들을 그 종들의 구조 안에서 찾아낼 수 있다. 오늘날 신다
윈주의는 유전적 돌연변이를 지배하는 장치에 대한 진보된 이해
를 통해서 이 관념들을 발전시켰다. 이것은 DNA 복제에 대한 1953
년의 제임스 왓슨(James Watson)과 프랜시스 크릭(Francis Crick)의
연구를 따른다. 이것은 그 안에서 유전적 특징들이 전해지는 유
전자의 작용과 방식에 통찰을 제공하였다. 유전적 변화는 재생산
을 통해서, 즉 뒤따르는 종들의 유전 집합소의 결정을 통해서 전
해질 수 있다. 신다윈주의는 이제 자연 선택의 과정과의 연결에

서, 미시 수준(micro-level)에서의 유전적 돌연변이에 의해 거시 수준(macro-level)에서 진화를 설명하려고 시도한다. 비록 이 원리들이 생명의 진화의 완성된 설명을 제공하느냐 않느냐에 대해서 생물학 안에서도 상당한 의견 차이가 있기는 하지만, 그것들은 일반적으로는 포괄적인 이론의 중심적인 요소로 간주된다.

신다원주의론은 유전적 돌연변이와 자연 선택의 기초 위에서 모든 살아 있는 유기체들의 발전에 대한 설명을 찾는다. 살아 있는 유기체들은 공동의 조상들로부터 진화한다; 다세포 유기체들은 단세포 유기체들로부터 진화하며, 그리고 그것은 유기화학의 과정들을 통해서 무생물루부터 출현하여 다음 단계로 연결된다. 어떻게 이 모든 것이 나오느냐에 대하여 정교하게 설명하는 데는 많은 사변이 포함된다. 그러나 하나의 연결시키는 가설로서 그것은 인상적으로 보인다. 주어진 자연은 이 변화들의 대부분이 일어날 수 있는 충분한 시간을 가졌다. 현대 우주론은 이제 지구가 약 40~50억년의 나이를 가졌다고 제시한다. 진화론을 둘러싼 불신의 많은 부분은 거기에 포함된 시간표를 더 잘 이해함으로 사라지게 할 수 있다. 리처드 도킨스는 진화의 역사에서 다음의 시간표의 실례를 제시한다.

수백 또는 기껏해야 수천년 안에 우리는 늑대로부터 페커니즈(Pekinese), 불독, 치후아후아(Chihuahua) 및 세인트 버나드를 가지게 되었다....이들 모든 개의 종류들이 늑대로부터 진화하는 데 걸린 전체 시간을 일상적으로 걷는 속도에 견주어서 표상해 보자. 그렇다면 똑같은 시간표 상에서 루시(Lucy)와 그녀의 동류, 즉 명백하게 직립한 가장 오래된 인간 화석에 도달하기 위해서 얼마나 멀리 걸어야 할까? 그 대답은 약 2마일이다. 그리고 지구상에서 진화의 시작으로 돌아가기 위해서 당신은 얼마나 멀리 걸어야 할까? 그 대답은 당신이 런던에서 바그다드까지의 먼 길을 열심히 가야 한다는 것이다. 늑대로부터 치후아후아까지 가는 것에 포함된 변화의 전체 양을 생각하고, 그 후에 런던으로부터 바그다드 사이를 걷는 속도의 숫자에 그것을 곱해 보라. 이것은 우리가 실제 자연 선택 가운데서 기대할 수 있는 변화의 양에 대한 직관적 개념을 줄 것이다.[5]

✍ 창조론 논쟁

어떤 사람들에게 다윈주의의 도전은 많은 대중적 기독교 신념들, 즉 성서의 권위, 창세기의 창조 이야기, 타락론과 그리스도의 구속, 설계 논증, 하나님의 형상으로 인간을 만드심, 도덕적 가치의 원천과 근거 등을 허물어뜨리는 것으로 보였다.[6] 창조와 진화를 조화시키거나 또는 다윈주의를 변경하려고 하는 많은 시도들이 있는 반면, 우리는 여전히 오늘날 진화과학의 주장들을 믿지 않게 하기 위한 노력이 있는 것을 본다. 상당한 부분 이것은 미국의 현상이다. 그러나 1980년의 진화항의운동을 대체한 창조과학회(Creation Science Movement)의 활동을 통하여 그리고 또한 더 거대한 학교 강의 계획표에 대한 학부모들의 로비 세력을 통하여 그것은 영국에서 점증하는 쟁점이 될 것이다. 창조과학회(CSM)는 이제 진화를 반증하는 정보를 퍼뜨리며 전국의 대학들, 대학교들,

학교들 및 교회 단체들을 위하여 연사들을 보내고 있다. 그것은 '거친 인본주의'와 싸우기 위해서 존재하며 영국의 교육 체계 안에서 확고해졌다.[7] 그것의 정기적 출판물들은 오늘날 과학적 정통주의자들에 대해서 지속적이고 강력한 공격을 표명한다.

창조과학은 쉽게 실망해서는 안 된다. 그것은 정치적으로 중요하다. 그리고 그 진화론에 대한 논증들의 다수는 지적으로 정교하다. 에일린 바커(Eileen Barker)는 지도적인 창조주의자들에 의해서 생산된 문헌은 지성적인 평신도를 위해서 언뜻 보기에 이치에 맞아 보인다고 논평하였다. 진화론에 대한 광범위한 공격에 대하여 이미 정리된 논증을 할 수 없는 '사회적으로 보호된 세계관들' 안에 살고 있는 사람들에게 창조론자의 문헌은 불안정하게 할 수 있다.[8]

창조주의자들이 실제로 무엇을 말하는지 살펴보기 전에, 우리는 이 운동의 역사적 뿌리들을 생각해야 한다. 보수적 개신교 신학은 언제나 진화론과 전쟁을 한 것은 아니었다. 성서의 무오성에 대한 가장 무서운 옹호자였던 B. B. 워필드(Warfield, 1851~1921)조차도, 창조와 진화는 상호 배타적이 아니라고 믿었다. 그는 논증하기를, 진화는 기껏해야 '하나님의 섭리의 방법'이라고 했다. 그러므로 어디에서 강력한 반대가 나왔는가? 여러 사회-역사적 분석들이 제기되었으며 나는 이것들로부터 단순히 몇 가지를 인용하고자 한다.

창조주의는 성서의 무오성에 대한 개신교회의 확신에 뿌리를 두고 있다. 전체영감설(plenary inspiration)은 그것이 말하는 모든 것, 즉 역사, 과학, 도덕 및 종교에서 성서의 무오성을 주장한다.

성령은 어떤 형태라도 오류의 가능성을 배제하는 방식으로 말씀들을 저자에게 구술하였다. 성경에 대한 가장 문자적인 해석을 주장하는 것도 하나의 가능한 요소이다. 이것은 부분적으로 에스겔, 다니엘, 계시록 및 성서의 다른 어려운 부분에서 나온 구절들의 독서에 기초한 미래의 예언과 함께 20세기 이전부터 유래한다. 예언서와 묵시문학의 정밀한 해석으로부터 중심적인 신념들을 얻음으로 그러한 집단들은 창세기의 처음 장을 문자적으로 읽을 마음이 내키게 한다.[9]

창조주의에 결정적인 것은 성서의 특징에 대한 또 다른 개신교회의 확신이다. 성경은 명제적인 사실의 책이며, 그것은 세계와 하나님 및 인간에 관한 정보의 창고이다. "성경은 20세기의 간행물들 가운데서 발견될 수 있는 것과 같은 정확성을 가진 과학적 진술로 가득하다....종들의 진화에 대항하는 가장 일반적인 논증들 가운데 하나는 창세기는 반복해서 식물과 동물들이 '종류를 따라' 생산해야 한다고 말하는 것이다. 이 구절은 한 종이 다른 종을 생산하는 것을 방해하는 것으로 간주된다."[10]

많은 미국 시민들은 그들의 진화 가설들을 믿지 않으려는 경향 덕분에 어떤 사회학자가 '경험적 민간 인식론'이라고 부른 것을 공유한다. 과학 전문가들의 지지에도 불구하고, 진화는 상식과 모순되는 것처럼 보인다. 많은 사람들은 그것을 별난 지성인들의 쪽에 있는 우스꽝스럽고 쉽게 반박될 수 있는 탈선적 존재로 풍자한다. 어떻게 생명의 놀라운 질서와 다양성이 원시의 국으로부터 발생하였는가? 어떻게 코끼리들과 곤충들이 공통의 원천으로부터 진화할 수 있었는가? 하나의 종이 다른 종을 재생산하는 것을 본 사람이 있었는가? 진화론의 면전에서, 하나님의 존재를 위한 설계 논증이 보다 더 상식 안에 견고히 뿌리내리고 있다.[11]

창조주의자들이 말하고자 하는 것은 무엇인가? 창조주의자들 사이에도 중요한 차이들이 있지만, 아래 내용은 좀 더 투쟁적인 적대자들의 전형적인 주장들이다.[12]

창세기 1~11장을 포함한 성경 이야기들은 역사적이고 과학적인 사실로 이해되어야 한다. 우화적이고 신화적인 주석을 위한 약간의 여지도 있다. 이 이야기들은 종교적인 비유가 아니라, 그것들은 문자적 사실이며, 그것들은 우리에게 오직 그렇게만 하나님에 대해서 말할 수 있다. 우주는 현대 과학이 우리에게 제시하는 것보다 훨씬 더 젊다. 창조의 6일과 성경의 족보들은 우리로 하여금 17세기 초에 어셔(Ussher)[13] 주교에 의해서 제안된 BC 4004년경에 우주의 날짜를 정하게 해준다. 혹은 만약 당신이 6일의 하루를 시편 90편 4절을 따라서 하나님의 천 년으로 다루고자 한다면 당신은 우주의 나이가 약 10,000년 정도라고 생각할 수 있을 것이다. 어느 쪽이든 현대 우주론이 약 150억년이라고 판단하는 것보다 그것은 훨씬 더 젊은 우주이다.

창조주의자들은 또한 창세기의 타락과 홍수 이야기의 역사성에 특별히 헌신한다. 아담의 타락과 홍수의 결과로, 노아와 많은 동물의 종들이 생존하였는데, 오늘날의 우주는 본래 창조된 것과 매우 다르다. 타락과 홍수에 대한 이 호소는 창조론자들에 의해서 열역학 제 2법칙, 공룡과 같은 종들의 멸종, 질병의 창궐, 지상의 생명체들의 고통과 죽음을 포함한 당황하게 하는 사실들을 설명하기 위해서 사용된다. 제 2법칙은 자주 현재의 우주의 붕괴를 설명하기 위해 인용되었다. 그것은 타락의 결과로 인용되며, 창조주의로 하여금 창조의 본래적인 선함과 그것의 현재의 상태를 맞출 수 있게 해준다.[14]

위의 주장들 때문에, 창조주의는 현재의 과학적 정통주의와 불화의 관계이다. 그것은 수백 억 년 전의 폭발에서 우주의 기원을 찾는 빅뱅이론의 물리학과 모순된다; 그것은 바위들이 수백 만 년의 나이를 가졌으며, 강과 바다의 바닥이 그들의 현재 모습에 도달하는데 수백 만 년이 걸렸다고 주장하는 지질학과 모순된다; 그것은 많은 화석들의 나이가 수 백 만년이라는 고생물학의 신조와 모순된다; 그리고 그것은 자연 선택과 유전적 돌연변이를 통하여 종들이 진화하고 달라진다는 생물학 이론들과 모순된다.

창조주의는 전술한 자연과학의 주장들과 싸우는 것 외에 신학적으로 다른 대안이 없다고 믿는다. 위태로운 것은 성경의 신빙성뿐만 아니라 인간을 다른 동물들과 구별하는 자유, 책임성, 도덕성 등이다. 당신은 창조와 진화 둘 다 가질 수는 없다; 이것들은 상호 배타적인 선택지들이다. 그러므로 신학적 십자군은 세속주의, 인본주의 및 진화론의 불충성에 대항하여 공격을 준비해야 한다. 이 맥락에서 창조주의에 대한 포괄적인 비판을 제공하는 것은 불가능하다. 그러나 아래의 숙고들은 창의력과 재치에도 불구하고, 왜 창조주의가 과학적으로 지지할 수 없으며 신학적으로도 오도되었는가를 보여주는 데 도움이 될 수 있을 것이다.[15]

1. 빅뱅이론은 이제 물리학자들과 우주론자들 가운데서 하나의 설명적인 이론으로 광범위하게 수용되었다. 그것은 앞 장에서

기술된 세 개의 중요한 숙고들에 의해서 지지된다: 은하들이 우리로부터 멀어지고 있으며 우주가 확장하고 있는 속도; 우주의 어느 곳으로부터 나오는 배경 복사의 신호들; 우주를 관통하여 발견되는 내용물들의 측정.

2. 1830년의 찰스 라이엘(Charles Lyell)의 작업 이래, 지질학자들은 암석층 형성과 지구 표면 교체는 성서의 홍수 같은 특이한 사건에 의지하지 않고 정상적인 힘들, 즉 강, 빙하, 파도 및 바람의 활동을 통해서 설명될 수 있다는 입장을 유지해왔다. 그러나 이것은 지구의 나이가 수백 만 년이 될 경우에만 가능하다. 다윈의 진화론이 나타나기 전에는 이 가설이 제기되었어도 아무 가치가 없으며 그러므로 진화론적 음모의 일부로 해석될 수도 없다. 이제 방사성 연대측정 기술이 원래의 동위원소가 딸 원소로 감소하는 비율에 근거해서 합리적인 신빙성을 가지고 암석의 나이를 측정할 수 있다. 이것은 백만부터 수십 억 년까지의 암석의 나이를 잰다. "방사성 연대측정에 의해서 성취된 결과의 정확성을 지지하는 데이터 연동 장치의 어마어마한 크기가 왜 연대측정 분야에서 일하는 전문적 지질학자가 이 기술의 타당성에 대해 더 이상 의심하지 않는지를 명백하게 만든다."16)

3. 암석 연대측정과 긴밀히 연결된 것은 그 아래 놓인 화석 연대측정이다. 암석층들 안에 함께 있는 화석의 서로 다른 결합들은 보다 높은 (더 젊은) 층 안에 나타나는 생명의 보다 더 진보된 형태들과 함께 변화의 상태 안에 있었던 생명체들을 알려 준다. "종들의 특이한 결합이 지질학적 시간의 각 중간기 동안에 분명히 존재하였으며, 그것의 대표적인 견본들이 암석 안에 화석

화되고 보존되었다."[17] 우리는 창조주의자의 문헌에서 이 현상들을 몇 천 년 전에 일어났던 성서적으로 걸맞은 홍수와 관련하여 설명하려는 시도들을 발견한다. 헨리 모리스(Henry Morris)는 이렇게 썼다:

> 그러면 마음에 그려보라. 하늘로부터 끊임없이 쏟아지고 지표면으로부터 지속적으로 분출되는 물살과 함께, 현재 세계 위로 터져 나온 수력의 대변동이 몇 주 동안 전체 지구가 잠길 정도로 모든 세계를 덮는다. 그리고 맨틀(mantle)로부터 용암이 쏟아지며, 거대한 지구의 움직임, 산사태, 쓰나미, 폭발들이 동반된다. 소변동주의[uniformitarian, 노아의 홍수와 같은 대변동을 반대하는 입장]는 물론 어떻게 그러한 대변동이 일어날 수 있었는지 질문할 것이다. 그리고 잠깐 동안은 이것이 고려될 것이다. 그러나 당장에는 하나의 모델로 단순하게 취할 것이며, 만약 그것이 오늘날 일어나야 한다면 기대한 결과들을 마음에 그려보라....조만간 모든 땅의 동물들은 멸망할 것이다. 다는 아니지만 많은 바다 동물들도 멸망할 것이다. 인간은 헤엄치고, 달리고, 기어오르고, 홍수를 피하려고 시도하지만, 그러나 누구도 대변동으로부터 빠져나와 특별하게 강해서 물이 새지 않는 선박을 사용하지 못하고 결국 그들은 익사하거나 멸망할 것이다.[18]

이 추측들은 기괴하며 전문적인 지질학자들과 고생물학자들에 의해 반박될 수 있다. 그러므로 예를 들면, 어떠한 살아 있는 척추동물도 공룡 화석층과 같은 암석층에서 발견된 적이 없다. 이것은 홍수가 [방주 안에] 모으고 멸망하는 종들을 흩어지게 한 방식과 연관하여 설명될 수 없다. 어떤 경우이든지 홍수에 호소함으로 그렇게 많은 종들의 멸종을 설명하는 것은 아이러니 컬하게도 노아가 하나님의 사명을 수행하는 데 심각한 실패의 낙인을 찍는 것이다.[19]

4. 진화론은 종들이 자연 선택과 유전자 돌연변이를 통해 진화했다고 주장한다. 이것은 어떻게 인간이 나오게 되었는가의 설명의 일부인가? 생물학에 의해 해석된 것으로서의 화석 증거는 매우 강해 보인다. 호모 오스트랄로피테쿠스로부터 호모 아프리카누스로, 호모 하빌리스로, 호모 에렉투스로, 네안데르탈인으로, 호모 사피엔스로의 진보는 런던의 자연사박물관 안에 전시된 바와 같이 감동적으로 입증되고 예증되었다. 화석들의 변화는 시간의 진행과 자세, 치아, 이마, 눈썹, 턱 및 뇌의 크기의 차이에 상응한다. 5백만 년 이상의 진화의 긴 과정을 통해서 우리가 현재의 우리가 되었다는 것과 다투는 것은 어렵다. 자연 선택과 유전자 돌연변이는 이 과정의 설명에서 어떤 역할을 수행하는 것이 틀림없다. 창조주의자들은 이 피조물들은 원숭이나 인간이라고 명시하는 경향이 있다. 그러나 그들은 호모 에렉투스가 중간 전환기에 속한다는 것은 동의하지 않으려는 경향이 있다는 사실이 그들의 어려움을 예증한다.

전술한 사항들, 물리학, 지질학, 고생물학 및 생물학은 서로를 확증하는 경향이 있으며, 그리고 함께 우주의 기원과 우리의 행성들의 역사에 대한 조리 있는 견해를 제공한다. 그러므로 창조주의는 광범위한 쟁점들에 대한 주류 과학의 발견들과 맞서도록 내몰렸다. 그것은 문화사에서 그 어떤 지성적인 오류와도 견줄 수가 없는 어마어마한 오류로 현대 과학의 합의된 발견들을 제시한다. 이것은 받아들일 수 없는 입장이며, 어떤 경우에도 그것은 종교적으로 불필요하다.

창세기 1~11장은 우리가 이해하는 개념의 역사와 과학이 아니라 생명의 기원과 세계의 지위와 창조된 존재로서 인간에 대한 신학적 설명을 포함한다. 그것은 고대 근동문화의 개념들, 이미지들 및 이야기들 위에 그림으로써 이 일을 한다. 그것은 우리에게 **어떻게** 과학적으로 세계가 지금처럼 있게 되었는지를 말하지 아니하고, 하나님이 세계를 만들었으며 **왜** 하나님이 그것을 만들었는지를 선포한다. 과학에게는 이것이 빅뱅과 진화의 메커니즘을 통하여 왔다고 말하는 것이 전적으로 개방되어 있다. 만약 종교가 창조의 **그것**과 **왜**에 연관된 것이라면, 원칙적으로는 자연과학의 **어떻게**와 아무런 부조화가 없다.

미국 공립학교에서 창조주의를 법적인 강제로 가르치려고 하는 기대는 일정 범위의 과학자들과 신학자들로부터의 비판을 이끌어 내고 있다.[20] 그것은 논쟁적인 종교적 교리를 공공학교 체계 위에 부과하는 것이다 (그 교리는 주류 기독교 교단에서는 고집하지 않는다); 그것은 순수한 과학 연구의 정당한 특징을 혼란시킨다; 그리고 그것은 교사들의 전문성과 학문적 자유를 타협시킨다. 그러나 우리의 학업 과정의 점증하는 칸막이화, 우리의 많은 종교 생활에 반작용하는 본성, 그리고 현대 과학과 기술의 결과에 대한 환멸 등이 이 논쟁을 영국에 있는 가정에 더 가까이 가져오도록 위협한다. 그들은 교사들로 하여금 과학과 종교 양쪽에 대한 비공식적이고 비판적인 논평들을 만나도록 요구할 것이다.

그러나 그렇다면 신학과 진화론의 보다 더 건설적인 참여는 무엇인가? 신다윈주의는 어떻게 생명이 우리의 행성 위에서 진화했는지에 대한 완성된 설명적 가설로 확증되지 않았다는 것을 다시금 명백히 해야 한다. 그 이론에는 아직 해결되어야 할 문제들과 간격들이 남아 있다. 이것들은 그 이론에 상당한 수정을 요구할 수 있다.[21] 예를 들면, 많은 진화론의 점진주의자의 가정들은 화석 기록들에 의해서 말해진 것으로 보이는 한결같지 않은 진보의 이야기와 일치시키기 어렵다. 이 문제에 대한 응답으로 가장 유명한 신다윈주의의 수정은 나일스 엘드레지(Niles Eldredge)와 스티븐 제이 굴드(Stephen Jay Gould)에 의해서 제기된 종결하는 평형상태(punctuated equilibria) 이론이다.[22] 진화론은 점진적인 것이 아니라 장기간의 안정에 구두점을 찍는 급격한 변화의 에피소드들을 통해서 일어난다고 그들은 주장한다.

신다윈주의의 또 다른 문제는 그것이 적절하게 생명 형태들의 발전 안에 있는 더 큰 복잡성을 향한 진보를 설명할 수 있는지 아닌지 하는 것이다. 왜 유전적 돌연변이와 자연 선택의 임의의 힘 아래에는 보다 작은 복잡성이 아니라 보다 더 큰 복잡성이 있어야 하는가? 어떤 신학자들은 원시적인 것으로부터 고도로 복잡한 유기체의 등장은 유전자 돌연변이나 자연 선택 이외의 힘과 연관해서만 설명될 수 있다는 주장을 감행하였다. 이 힘은 경험적으로 찾아낼 수 없는 신적인 행동과 동일화된다.[23] 어떤 사람들은 이것이 너무나 틈새의 하나님(God-of-the-gaps) 이론을 암시하

는 것으로 볼 수 있기 때문에, 그것이 우연적인 돌연변이와 자연
선택과 함께 교차하는 과정을 피하지 않는다는 것이 중요하다.
이것들은 비록 충분하지 않지만 여전히 생명 형태들의 발전을 위
해 필요한 조건들이다. 그렇다면 그것은 그 위에서 우주의 역사
안에 기회의 기능을 위한 어떤 논리적 근거를 제공하는 신학자의
의무가 된다. 우리가 하나의 남김 없는 설명의 신다윈주의에 대
해서 어떤 거리낌을 가진다고 할지라도, 자연 선택과 유전적 돌연
변이의 메커니즘이 수백만 년 이상의 생명의 진화에서 결정적인
역할을 수행하였음을 부인하기 어렵다. 그러면 어떤 응답들이 신
학을 위해 쓸모 있는가?

　가능한 개념으로서 생물학 이론에서 두 가지의 적용이 있을
수 있는데, 둘 다 예견 가능성의 한계와 관련된다.[24] 그것은 유기
체의 생물학적 필요에 연결되지 않는 작은 유전적 돌연변이와 관
련될 수 있거나, 아니면 그것은 두 개의 연결되지 않은 인과적
체계의 교차와 관련될 수 있다. 첫 번째의 경우, 가능성은 그 아래
서 돌연변이된 유기체가 선택되었고 유발된 조건들을 우리가 무
시한 것과 관련된다. 이 무시는 단지 지식의 결핍의 결과가 아닐
수 있다. 왜냐하면 양자에 대한 생각은 분자 이하의 수준에서 활
동하는데, 그 행동은 정확하게 예측될 수 없기 때문이다.

　두 번째 가능성의 경우는, 유기체 안에서 일어나는 생물학적
변화는 변화하는 물리학적 환경과 상호작용을 한다. 그러므로 기
후의 변화, 양식의 공급 또는 다른 종들 안에 있는 변동들은 자연
선택으로 알려진 과정 안에 있는 유기체 내의 변화들과 상호작용
할 수 있다. 이 거시 수준에서 우리는 이제 저 역학 체계들 역시

예측될 수 없다는 것을 안다. 가장 작은 변화들도 전체 체계의 행동을 현저하게 바꿀 수 있다. 이것의 결과, 예측 가능성의 수준의 비율을 추구하는 지식의 양은 극적으로 증가하는 것이 요구된다. 역학체계가 어떻게 행동할 것인가 정확하게 아는 것은 인간적으로 불가능하다. 가장 악명 높은 실례는 일기예보 체계인데, 그것은 어느 정도의 정확성만을 가지고 예측할 수 있을 뿐이다. 아마존에서의 나비 날개의 퍼덕거림[나비효과]의 예증이 보여 주는 것과 같이, 비록 분명히 중요하지 않은 사건들조차도 극적인 것이 될 수 있는 방식으로 인과적 균형을 기울어지게 할 수 있다.

아마도 이 두 번째 의미에서 가장 극적인 가능성의 실례는 6500만 년 전 공룡을 급속한 멸망으로 이끌었던 급격한 생태계의 교란일 것이다. 아마도 이것은 운석이 지구와 충돌함으로 일어났을 것이다. 그 결과 오늘날 파충류가 아니라 인류가 이 행성을 지배하게 되었다. 우리가 미시세계 또는 거시세계에서의 가능성을 말할 때 우리는 설명이 결여된 사건들은 언급하지 않는다. 오히려 우리가 다루는 사건들은, 그것의 발생이 이전의 조건들의 지식에 기초하여 전체적으로 말할 수 없었던 것이다. 이 맥락에서 가능성의 개념은 생명의 진화에서 개방성의 수준에 주의를 환기시킨다. 그것은 우주의 역사 안에 있는 자발성과 진기함을 지적한다. 그 길은 과학의 법칙들을 따르지만, 그러나 그것은 전적으로 처음의 조건들과 상태에 의해 결정되지 않는다.

최근의 종교에 대한 진화론적인 비판가들은 기회의 기능은 생명의 역사에서 설계나 목적의 가능성을 효과적으로 배제한다고 논증한다. 그러므로 프랑스의 생물학자 자끄 모노(Jacques Monod)

는 그의 유명한 〈기회와 필연〉(Chance and Necessity, 1970)에서, 조약돌 안의 원자들의 특정한 배열이 예측 불가능한 것과 마찬가지의 이유로 생명의 역사는 비록 설명이 안 되는 것은 아니지만 예측 불가능하다고 썼다. 우리는 우리 자신을 영원 전부터 필연적이고, 불가피하고 기름부음 받은 것으로 생각하려고 한다. 우리의 모든 종교와 대부분의 철학은 연적 사건을 피하려는 시도이다.[25] 그러나 현대 생물학적 설명은 우리가 생명의 진보를 본질적으로는 우연적이며 목적이 없는 것으로 보기를 요구한다. 거기에서 있는 의미는 오직 영웅적인 선택을 통해서만 발생한다. "고대의 계약은 파괴되었다; 인간들은 적어도 그들이 우주의 느낄 수 없는 광대함 안에 홀로 있다는 것과 그 밖에서 그들은 오직 우연히 나타났다는 것을 안다. 위에 있는 왕국 아니면 아래에 있는 어두움: 선택은 우리의 몫이다."[26]

창조론에 대한 유사한 비판은 아마도 오늘날 종교에 대한 가장 저명한 과학적 비평가인 리처드 도킨스의 보다 더 신랄한 비판에서 발견된다.

만약 우리가 신성을, 즉각적으로든지 또는 유도된 진화에 의해서든지, 세계 안의 모든 조직화된 복합성을 설계할 수 있는 것이라고 가정하기를 원한다면, 저 신성은 첫째로 이미 매우 복합적이었음에 틀림없다. 순진한 성경주의자이거나 교육 받은 감독이거나 창조론자는 이미 막대한 지성과 복합성을 가진 존재를 가정한다. 만약 우리가 설명을 제공하지 않으면서 조직화된 복합성의 사치를 우리 자신에게 허락하고자 하지 않는다면, 우리는 그와 같이 그것을 잘 할 수 있으며, 우리가 그것을 아는 대로 생명의 존재를 단순

하게 가정할 수 있을 것이다!...누적적인 자연 선택에 의한 진화론
은 원칙적으로 조직화된 복합성의 존재를 설명하는 우리가 아는
유일한 이론이다.[27]

도킨스의 기획은 어떻게 기회가 길들여지는가를 보여 주는 것
이다. 기회는 어떻게 사건들이 이루어지는지 설명하는 합리적 과
정으로 이해되어야 한다. 이것은 수십억 년이 넘는 잡아 늘인 시
간의 기간을 통해서 진화의 과정을 미소한 변화들의 큰 숫자로
쪼갬으로 수행된다. 환경 안에서의 유전적 돌연변이와 다른 인과
적 과정들의 상호작용은 그 안에서 이것을 가져오는 충분한 시간
과 공산이 수어진 저 자연이 제공된 생명의 형태 안에서 놀라운
수준의 다양성을 가져올 수 있다. 도킨스는 종교에 가장 위협적
인 반대자이지만, 그러나 그를 위해서 하나님에게 남아 있는 방이
없는지는 전혀 명백하지 않다.

하나의 대답은 그의 어떤 발언들의 형이상학적 특징을 지적하
는 것이다. 진화론은 생명의 출현을 그 다양한 표현으로 설명할
수 있지만, 그러나 과학의 재료나 법칙들이 설명을 요구하지 않는
다는 주장은 매우 다른 요청을 하게 만든다. 진화생물학을 설명
하는 힘으로부터 형이상학적 설명의 불필요로 논증하는 것은 전
후 불일치(non sequitur)[의 오류]를 범하게 된다. 적어도 거기에 도
대체 우주가 있다는 사실과 그것이 자연과학의 법칙들에 의해서
지배된다는 설명을 가진다는 가능성이 남는다. 이것들은 도킨스
에 의해서 마치 적나라한 사실인 것처럼 주장되는데, 그가 유일하
게 지지하는 논증은 어떤 우주이든지 그렇듯이 하나님도 설명을

요구해야 한다는 것이다. 그의 생명에 대한 설명은 그로부터 그것이 결국 나타날 수 있었던 무생물의 존재를 전제한다. 그것은 또한 이 무생물 위에 생물학, 화학 및 물리학의 법칙들의 작용을 전제한다. 이들 전제들은 수행되어야 하지만, 그러나 그것을 주장하기 위해서 그들은 스스로 설명이 없이 과학의 한계를 넘어 감행되어야 한다.[28] 철학적 신 존재 증명이 있든지 없든지, 그것의 가능성은 자연과학에 의해서 무시될 수 없다. 이 점에서 과학은 하나님에 대해서 아무 할 말이 없다. 그것은 경기장 밖에서 신학적 설명을 지배할 수 없다.

소위 인간학적 원리에 대한 최근의 토론들은 우주가 우리가 아는 바와 같이 생명이 진화하기 위해 필요한 매우 훌륭한 조율과 섬세한 균형을 지니고 있다고 제안한다. 그것은 그 역사의 처음 밀리세컨드(1/1000초) 안에 별들, 행성들 및 지상의 의식적인 생명을 만들어 내기 위해 특별한 구조를 필요로 한다. 만약 빅뱅 이후 일 초 동안의 확장률이 백만분의 일보다 더 작았거나 컸다면 우주는 붕괴하였거나 아니면 그것이 너무 빨리 확장하여 별들과 행성들을 형성할 수 없었을 것이다. 약핵력과 강핵력의 훌륭한 조율 없이는, 우리가 아는 바와 같은 지상에서의 생명을 위해 필요한 화학 작용이 일어나지 않았을 것이다.[29] 빅뱅은 약 150억 년 전에 일어났다. 태양의 나이는 약 50억 년이며, 우리 은하는 직경 약 20만 광년의 거대한 수소와 헬륨의 구름으로 시작된 은하 안에서 진화되었다. 지구는 약 45억 년 전 폭발하는 초신성(supernova)에 의해 날아올라간 공간 안의 파편으로부터 다른 행성들과 나란히 형성된 것으로 보인다.

그러므로 우리의 몸을 형성하는 원소들은 문자적으로 별들로
부터 왔다. 이 모든 것은 우주가 설계되었다는 것을 증명하지 않
는다. 그러나 그것은 적어도 그런 가능성이 있다. "내가 우주와
그 건축 양식의 세목들을 더 많이 조사할수록, 나는 우주가 우리
가 왔던 길을 어떤 의미에서든지 알고 있음에 틀림없다는 증거를
더 많이 발견한다."[30] 단순하게 우주와 자연 법칙들을 적나라한
(brute) 사실들로 다루는 도킨스 같은 비판자는 이것에 관해서 아
무런 할 말이 있을 수 없다. 그것이 설계의 증거를 마련하게 하지
않는 반면에, 그것은 적어도 설명을 요구하는 우주의 중요한 특징
을 가리킨다.[31]

우리의 말대꾸는 현재의 우주는 단순하게 많은 것들 중의 하나
이며, 그리고 그 질서 정연한 구조는 다수의 우주를 통틀어 다른
어느 곳과도 공유하지 않는다고 주장할 수 있다는 것이다. 우리
가 어디에나 있는 질서를 지각하는 것은 단지 우리가 가진 위치를
파악하는 기능이다. 이 움직임은 그렇게 질서 정연한 우주 안에
서 우리의 존재의 어색함을 제거할 수 있다. 그러나 수많은 다른
우주들을 가정하는 것은 얼토당토아니하며 전적으로 경험의 지
지를 받을 수 없다. 우리가 아는 한, 이것은 존재해온 유일한 우주
이다.[32]

✍ 하나님의 행동

만약 우리가 과학법칙들, 물질의 존재와 그 결과로 생명의 출

현을 설명하면 하나님을 언급한다면, 진화의 과정에 대한 우리의 지식으로부터 우주에 대한 하나님의 의도와 개입을 어떻게 [설명]해야 하는가? 진화의 과정에 있는 더 큰 복잡성과 의식을 지향하는 경향은 어떤 창조적인 목적과 양립할 수 있다. 우주 안에서 새로운 생명의 형태들이 나타난 것처럼, 그렇게 새로운 설명의 범주들이 필요하게 되었다. 이 설명의 수준들의 위계질서는 개념들의 각각의 새로운 계층들은 바로 그 아래 계층으로부터 나타나며 의존하는 식으로 되어진다. 그러므로 우리는 물리학으로부터 나와서 화학과 생물학을 거쳐 사회과학으로 나아간다. 이들 후자는 의식의 출현과 문화의 창조에 의해서 가능해졌다.[33] 문을 여는 것 같은 단순한 행동은 물리학, 화학 및 생물학과 연관해서뿐만 아니라 인간의 목적과 사회적 삶의 형식과 연관해서 설명되도록 요구할 수 있다.

　기회의 효과는 진화의 과정에 있는 더 큰 복합성을 지향하는 충동을 일으킨다. 이 점에 있어서 기회와 법칙은 자연 안에 있는 경쟁하는 힘이라기보다는 상호 보완적이다. 이것은 널리 인용된 그의 연구 〈기회의 하나님〉(God of Chance) 안에서 데이비드 바돌로뮤(David Bartholomew)에 의해서 주장되었다.[34] 그는 하나의 수준에서 무작위의 사건들이 더 높은 집합의 수준에서는 통계적 규칙성으로 인도될 수 있다고 논증한다. 과다함과 발단(thresholds)은 통합된 체계들에 대한 무작위 사건들의 결과를 제한할 것이고 질서를 유지할 것이다. 그러나 무작위의 요소는 변화와 운동을 일으킬 수 있다. 그러므로 기회는 그 안에서 새로운 생명의 양식들이 나타날 수 있는 효과적인 우주의 조건이다. 그 이해는 그것과의 갈등 가운데서보다는 하나님의 설계와 간과의 일부이다.

하나의 가능한 응답은 나타나는 것이 기회의 효과라야 한다는 것이 숨은 하나님의 뜻에 의해서 설명된다고 주장함으로 신학적 결정주의를 유지하는 것이다.[35] 기회는 오직 제한된 전망으로부터만 그것을 인지하게 된다. 완성된 설명에서는, 기회는 하나님의 의지나 또는 그 의지를 중재하는 인지되지 않은 이차적인 원인들에 대한 언급에 의해서 대치될 것이다. 그러므로 처음부터 창조를 위하여 이미 청사진에서 만들어지지 않은 것은 아무 것도 일어나지 않는다. 비록 수십 억 년의 진화를 통하더라도 사건들의 미리 결징된 진행으로부터 빗나길 여지는 없다. 이 응답은 거시 수준에서는 기회를 수용할 수 있을 것이다. 왜냐하면 실제로는 우리에게 쓸모없는 최초의 조건들을 지배하는 지식이 무한한 지적 능력을 가진 존재에게는 쓸모 있을 수 있기 때문이다. 그러나 이러한 형식의 신학적 결정론에 붙어 있는 여러 가지 문제들이 있다.

한 가지는 양자론의 면전에서 극단적인 결정론을 유지하는 문제이다. 양자론은 원자 이하의 수준에서, 미립자들의 행동에서 극단적인 예측불가능성을 알아내지 않았는가? 아니면, 이것은 현재 우리의 시야로부터 숨어 있는 일정하지 않은 작용에 의해 해결된 단지 표면상의 불확정성이다. 만약 이것이 정말이라면, 불확정성은 오직 인식론적인 것이지 존재론적인 것이 아니다. 현재로서는 이 쟁점에 대한 명백한 합의는 없다. 그 이상의 문제가 인간의 자유를 에워싸고 있다. 만약 동물들의 인지 과정 역시 구조의 개방성을 반영한다면, 이것 역시 동물의 자유까지 연장될 것이다.

만약 하나님이 피조물들에게 자유를 부여하기로 선택했다면, 정확한 미래가 미리 결정되는 그런 세계가 아니다. 이 점에 있어서, 그 아래서 하나님이 우리를 창조한 조건들은 신적인 통제와 예지의 자발적인 제한으로 귀결된다.[36]

더 이상의 어려움은 명백하게 낭비와 우리가 본 장을 시작할 때 주목하였던 진화 과정에서의 과대함과 연관된다. 진화 과정에는 너무 많은 보이지 않는 골목길들, 너무 많은 사라진 종들, 무작위인 것처럼 보이고, 그 시작에 앞서 그 모든 세목이 해결되고 준비된 진행 계획을 닮기 위하여 우연하고 경험적인 너무 많은 것들이 있다.

이 문제들은 현대신학에서 가장 만만치 않은 쟁점들 가운데 하나—세계에 대한 하나님의 행동—로 인도한다. 현재의 과학-종교 논쟁에서 지도적인 저자들 가운데 하나의 입장의 시험은 이 분야에서 중심적 선택들에 초점을 맞추도록 우리를 돕는다.[37] 존 폴킹혼에 따르면, 기회와 필연성의 상호작용은 유용한 방식으로 창조를 변화할 수 있고 진화할 수 있도록 한다. 이 점에서 창조에는 어느 정도의 피조물적인 독립과 자유가 허용된다. 하나님의 역할은 영향의 하나이며 상호작용이기조차 하다. 그러나 창조의 과정들을 무효로 하거나 과학적 설명의 성실성을 양보하는 그런 방식은 아니다. 그러므로 우주 안에는 계속되는 창조성이 있다.

폴킹혼은 신학이 그 역사에서 범한 두 가지의 오류를 피하는 하나님과 세계와의 상호 작용의 모델을 찾고 있다고 논증한다. 하나는 세계에 대한 통제를 시행하는 우주적 독재자가 있어서 진정한 피조물의 응답이 불가능하다는 오류이다. 여기에서 하나님에 대한 세계의 타자성[대상성]은 충분한 범위에서 허락되지 않았으며, 그리고 하나님에 의해서 행사된 통제의 범위가 신인 관계의 비인격화로 인도한다. 또 다른 오류는 이신론(deism)인데, 그것은 하나님에게 공평한 구경꾼의 역할을 맡긴다. 우주를 움직이도록 설정함으로, 하나님은 그것의 미래 진보에 관여할 수 있는 능력도 의지도 없는 방관자가 된다. 세계와 하나님의 관계성에 대한 적절한 설명은 그 자체의 잠재력과 성과와 더불어 세계를 드러내는 것으로 우주의 역사를 해석해야 한다. 그러나 또한 그것을 만드신 자의 계속되는 영향과 상호 작용에 대해 개방적이어야 한다.

> 계속되는 창조는 이 과정에서 피조물의 자유를 위한 여지를 허락하기 때문에, 역사의 진행에서 '우연히' 생긴 많은 것들이 그 결과가 될 것이다. 나는 인류가 손가락이 다섯 개이어야 한다는 것이 세계의 기초로부터 확립되었다고 믿지 않는다―그것은 단지 그런 결과를 가져온 것이다―그러나 나는 자기의식과 예배를 드릴 수 있는 존재들이 우주의 역사의 진행에서 나타난 것이 결코 순전히 우연이라고 믿지 않는다. 다른 말로 해서, 진행되고 있는 것 가운데 성취된 전반적인 일반적 목적이 있다. 그러나 실제로 일어나는 것들의 세부 항목은 역사의 우발적 사건이다 (저것이 아니고 이것이 일어나는 것). 어떤 세계에 대한 그림은 유익함과 함께 주어지며, 그 창조자에 의해서 인도된다. 그러나 이 유익함을 그 자체의 특별한 방식들에서 인식하는 능력이 허락된다. 기회는 맹목적인 무목적성이 아니라 자유의 표징이다.[38]

이것은 하나님이 그것[우주]의 제한 없는 진화를 위한 조건들을 확립하면서 우주의 진행을 관리하는 것 이상을 행하는 자로 이해되어야 한다는 것을 의미한다. 하나님의 행동 역시 자유로운 피조물들의 영적 생명에 끼치는 영향보다 더 넓다고 보아야 한다. 이것은 창조의 물리적 차원으로부터 하나님을 제거할 것이요, 그리고 하나님은 지상에 인간이라는 종이 나타날 때까지 빅뱅으로부터 아무 할 일이 없게 되는 의도되지 않은 결과를 낳게 될 것이다. 오직 창조의 자발성과 하나님의 섭리의 특별한 행동들을 수용하는 입장만이 현대 과학적 세계관과 피조물들을 향한 하나님의 사랑과 인내에 관해 기독교 신앙이 가르치는 것을 많이 이해할 수 있다. 이것을 성취하기 위해, 폴킹혼은 최근 카오스이론의 발전된 모델들에 호소한다.

카오스이론은 전체 자연은 시작부터 결정된 원리 안에 있는 유형들을 따르는 기계와 같다는 초기 과학의 가정에 도전한다. 이 가정은 라플레이스(Laplace)가 충분한 지성적 능력을 가진 존재에게 미래는 현재와 같이 결정되고 확실할 것이라고 한 논평에 의해서 가장 유명하게 예증된다. 현재의 조건들에 대한 충분히 포괄적인 지식의 기초 위에 초정신(super-mind)이 미래에 관한 모든 것을 알 수 있을 것이다. 그러나 우리는 날씨와 같은 현상이나 가장 단순한 동물성 유기체의 행동은 예견될 수 없다는 것을 안다. 작은 변덕스러움은 지수적으로 강화되며 그리하여 그 안에 있는 체계는 이들 기능이 혼돈스러운 행동을 드러낸다. 카오스이론은 그 안에서 구성적인 요소들이 상호 작용하는 방식을 보여줌으로 그러한 체계들의 행동을 묘사하려고 추구한다. 그 체계의 행동적 복합성은 가장 작은 변화라 할지라도 어떻게 거시적 차원에서 중대한 영향을 끼칠 수 있는지 시위한다. 이것이 우주의 역

사의 진기함, 예측 불가성 및 변화의 형태를 만드는 것이다.[39]

폴킹혼은 카오스 체계들은 미래에 대한 내재적인 개방성을 소유한다고 논쟁적으로 가정한다. 다른 말로 하면, 예측 불가성은 단지 인간의 인식론적 한계의 기능이 아니다. 그것은 우리의 인식과 독립적으로 세계 자체 안에 존재한다. 이것은 세계가 제멋대로이고 무계획적인 방식으로 진화하고 변화한다고 말하려는 것은 아니다. 그러나 그것은 그 미래의 상태들이 한 체계의 구성요소들 사이의 상호 작용의 기초에서부터 전체의 표현과는 달리 부분적으로 인과적 원리들에 의존한다고 가정해야 한다. 이들 인과적 매개들은 카오스 체계들의 내용을 결정하는 '정보의 입력'과 같은 종류로 생각될 수 있다. 이것은 어떻게 인간적 매개들이 물리적 환경에서 의도적인 변화들을 가져올 수 있는지 이해하도록 우리를 도울 수 있을 뿐만 아니라, 어떻게 하나님이 과학적으로 알아낼 수 없는 방식들로 우주와 상호 작용 하는지 단서를 줄 수 있다.[40]

카오스이론의 이러한 사용은 사변적이고 시험적인 것으로 인정된다. 그러나 그것의 신학적 가능성들은 그것을 고려할 가치가 있게 만든다. 그것은 하나님을 그들의 자연적 질서의 통합을 침해하지 않으면서 창조의 과정들 가운데 참여하고 활동적이신 분으로 이해하도록 우리에게 제시한다. 그것은 신학과 최근의 과학적 노력을 특징짓게 된 세계의 덜 결정론적인 이해 사이에 조화를 추구한다. 그것은 우리로 하여금 기적과 특별계시를 통한 신적 행동을 의미 있게 하고, 또한 탄원기도의 가능성들과 한계들에 대한 보고를 제시한다.[41] 성경은 하나님과 창조와의 관계를 단지 보존의 개념에서만이 아니라 계속되는 투쟁과 연루의 개념으로 묘사한다. 자연을 유지하는 하나님의 행동은 세계를 구원하고 완전하게 하는 목적과 관계가 있다. 너무나 자주 우리는 보존을 이미 완전한 것을 유지하기 위한 정적인 개념으로 생각한다. 그러나 성경은 자주 극적이고 숨겨진 방법으로 세계 속에서 활동적인 하나님의 방식을 말한다. 예컨대, 바로의 궁정에서의 요셉의 경력에서 (창 45:5); 고레스의 승리에서 (사 45:1~7); 예수가 십자가에 달리도록 넘겨 준 것에서 (행 4:24~28) 등이다.[42]

그러나 이 어려운 분야를 떠나기 전에, 우리는 방법론적 쟁점을 주목해야 한다. 어떤 근거 위에서 우리는 진화의 과정을 지배하는 섭리에 관하여 그렇게 자신 있는 주장을 할 수 있는가? 폴킹혼은 과학의 도구들과 방법들에 의해서 하나님의 행동이 간파될 수 없다고 논증한다. 그가 이 행동을 기술하기 위해 사용하는 이미지들은 자의식이 강하게 특정한 종교적 맥락 안에 세운 것이다. 그것들은 기독교 전통에 빚졌으며, 하나님이 예수 그리스도의 인격과 사역 안에 행동하였다는 확신 안에 그들의 원천을 가지고 있다. 그것은 단순하게 진화론적 생물학의 인지로부터의 연역에 의해 이 세계관을 유지할 수 있다는 것과 다르다.

이 점에서, 우리는 현대 과학의 자료와 이론들에서만 하나님의 존재와 목적에 관한 결론들을 연역하는 자연신학의 전망에 관해 의심할 필요가 있다. 이와 대조적으로 자연의 신학은 신적인 계시를 고려하는 확신들 위에 근거된 자연에 대한 신학적 설명을 제공하려고 추구할 것이다.[43] 그것은 독특하게 신학적 통찰들을 자연과학과의 대화에 가져올 것이다. 전통에 대한 확신 밖에서 볼 때 생명의 역사를 특징지었던 고통, 수고 및 멸종은 그것을 사랑하면서 미워하게 한다. 우주의 과학적 구조 가운데 쓰여진 죽음과 부활, 희생과 구속, 투쟁과 성공적인 결말의 자연적 질서는 없다. 이 신앙의 원천을 위해서 우리는 다른 곳을 보아야 한다.[44]

홉킨스의 시 "독일호의 난파"(The Wreck of the Deutschland)의 다음 두 연은 이것을 예증한다.

나 그대를 흠모하오니, 조수의 주,
홍수와 강수의 주시여;
항만의 제압과 회복이여,
그 둘레와 그 부두와 벽이여;
출렁이는 정신을 가지고서 멈추고, 제압시키는 대양이여;
존재의 근거, 그리고 그 화강암: 이 모든 것 뒤에
왕좌에 앉으신 하나님을 붙잡아라
관찰하지만 숨어 계시고, 예견하지만 기다리시는 주권을 가지신,
죽음 뒤에 계신 하나님;

모든 물을 뚫고 나갈 수 있는 자비를 지니신
모든 물과 듣는 자를 위한 방주;
지체하는 자를 위하여 사랑을 가지고
죽음과 어두움보다 낮은 곳을 항해한다;
감옥에 갇힌 과거의 기도자의 방문을 위한 방법,
마지막 숨을 쉬는 참회하는 영들—극도의 표시
고난에 빠지셨던 우리의 거인이 일어났다,
긍휼히 여기시는 아버지가 그의 큰 걸음이 일으키는 바람 가운데
데리고 오신 그리스도.[45]

식별된 양식은 자연적 과정들을 통해서가 아니라 자연적 과정에도 불구하고 나타나는 것이다. 그것은 그리스도의 중심적 행동인 죽으심과 일어나심으로부터 오며, 그리고 은총에 의해서 모든 역사와 자연으로 연장된다. 창조의 과정은 그리스도의 고난을 통해서만 알려진다. 역사의 결말은 피조된 영역 안에 본래의 과정을 수행해서가 아니라 하나님의 재창조의 행동에 의해서 확보된다. 이 점은 마지막 장에 가서 더 전개시킬 것이다.

✍ 동물의 창조

그 다음 쟁점은 진화의 행로를 따라서 멸종된 많은 종들과 관련된 맥락에서 발생한다. 그들의 기능은 단순히 그 이후에 의식적인 인간이 나타날 수 있게 하는 도구적인 것인가? 그들에게 주어진 자리는 호모 사피엔스, '하나님께 영광을 돌리고 그를 영원토록 즐거워'할 수 있는 자유롭고 의식적인 피조물의 길을 준비하는 창조의 드라마 속에 있는가? 많은 기독교 전통은 인간의 운명에 대한 그들의 공헌과 관련되지 않은 동물의 중요성에 대해서는 생각할 수 없었다.

토마스 아퀴나스는 세 가지 요소가 동물의 생명의 도덕적 지위를 결정한다고 논증한다. 첫째로, 동물들은 비합리적이며 정신이나 이성을 소유하지 않는다. 둘째로, 그들은 자연적으로 노예근성을 가지고 있는데, 왜냐하면 그들의 목적은 자연적으로 그리고 하나님의 설계에 의해서 인간을 섬기는 것이기 때문이다. 셋째로,

그들은 인간의 소유로 고려될 수 있는 것을 제외하고는 그들 자신 안에 도덕적 지위를 가지고 있지 않다.[46] 동물들에 대한 대중적인 취급에서 널리 퍼진 그러한 태도의 범위는 케이스 토마스(Keith Thomas)의 책 〈인간과 자연 세계〉(Man and the Natural World)에 의해서 정립되었다. 우리는 동물들이 인간의 복지를 위해서 창조되었다고 널리 퍼진 17세기의 아주 뛰어난 전술한 견해를 발견한다. 타락 이후에 동물들은 그 이전보다 덜 유순해졌다. 그러나 그들의 인간 주인에 대한 자연적인 복종의 기질은 어느 정도 남아 있다. 물이 얕은 곳의 물고기를 해안으로 데려오는 본능은 그들이 인간의 소모를 위해 작정되었다는 표징이었다. 동물들은 인간에게 편리하도록 생각되게 시의적절하게 자리를 잡았다. 낙타는 물이 부족한 아라비아에 배당되었으며, 짐승들은 흔히 덜 해코지 당하는 사막으로 보내졌다.[47]

당대의 신학은 근대 초기까지 수용된 인간의 노력의 목표가 된 자연에 대한 인간의 우세를 위한 도덕적 토대를 제공하였다. 지배적인 종교적 전통은 많은 동양의 종교들이 여전히 보유하였으며, 과학자 로버트 보일(Robert Boyle)이 '열등한 피조물들에 대한 인간의 제국의 기를 꺾는 방해'라고 정확하게 인식하였던 저 자연에 대한 '존경'과 함께 아무 것도 공유하지 않았다. 앵글로 색슨 시대 이후 영국의 기독교회는 샘들과 강들을 섬기는 예배를 반대해 왔다. 작은 숲, 개천 그리고 산에 속한 이방신들은 형상화되고, 주조되고, 지배되어야 하는 마법을 깨뜨린 세계를 뒤로 하고 추방하였다.[48]

　　동물들의 도덕적 지위에 대한 가장 유해한 태도는 동물에게는
영혼이 없으며 기계나 로봇이라는 데카르트적 개념이다. 그러므
로 동물들은 감각이 없는 것으로 생각되었다; 그들은 고통을 느낄
수 없다. 매맞는 개의 울음은 더 이상 짐승의 고통의 증거가 아니
라 기계를 때렸을 때 기관의 증거로 나는 소리였다.[49] 그러나 토
마스는 계속해서 18세기의 식별될 수 있는 태도들의 점진적인 변
화를 보여 준다. 사람들은 오랫동안 그들의 일상의 벗으로서 동
물들과 함께 살았으며, 데카르트주의 철학자들의 의혹에도 불구
하고 그들과 소통할 수 있었다. 개와 고양이는 집안의 애완동물
로 받아들여졌다. 그들은 이름이 주어졌고, 먹이가 주어졌고, 보
살펴졌고, 매장되었고, 결코 먹히지 않았다. 동물의 불사론이 점
진적으로 나타났다. 위대한 합리주의 신학자 사무엘 클라크(Sam-
uel Clarke)는 동물들의 영혼이 종국에는 부활하여 화성, 토성 또는
다른 행성에서 거하게 될 수 있다고 믿었다.[50]
　　우리는 이미 어떻게 동물의 생명의 지위에 관한 인간중심적인
가정에 도전하는 많은 성서적 증거가 있는지 보았다. 동물들은
인간 이전에 창조되었다. 하나님은 그들을 기뻐하시며, 하나님의
섭리가 인간의 이익과 어떠한 관련도 없이 그들을 지배하신다.
우리는 우리의 행성에서 생명의 역사에 의해서 확증함으로 이것
을 볼 수 있다. 다른 피조물들과 비교하면 인간은 오직 최근에
나타났다. 우리의 자녀들이 우리에게 흔히 물어보는 질문들은 우
리가 가장 곤란해 하는 것들이다. 왜 하나님은 공룡을 창조하셨
는가? 천국에는 선사 시대 동물들이 있을까? 우리는 하나님이 동
물의 삶 그 자체를 기뻐하신다고 가정해야 한다. 하나님은 서로

다른 다양한 감각이 있는 피조물이 살고, 자라고, 재생산하는 것을 기뻐한다. 인간의 존재의 불완전성이 하나님이 우리를 평가하시는 것을 막지 않듯이, 창조된 질서의 불완전성이 하나님이 동물들을 기뻐하시는 것도 막지 않는다. 구약성서에 의하면, 하나님은 노아계약(창 9:9~17)에서 모든 피조물들을 보살피시며 인간적인 유용성이 전혀 없는 동물들을 평가하신다 (욥 39~41).

비록 우리가 가끔 무시하지만, 복음서를 포함해서 성서에는 동물에 관한 언급이 과도하게 많이 있다. 이것은 앤드류 린제이(Andrew Linzey)가 그의 최근의 저작 〈동물신학〉(Animal Theology)에서 잘 예증하였다

> 예수의 탄생은, 만약 전승을 믿어야 한다면, 양과 소들의 집에서 일어난다. 그의 사역은 마가에 의하면, 광야에서 '야생 동물들과 함께' 시작한다. 그의 승리로운 예루살렘 입성은 '겸손한 나귀'를 타는 것을 수반한다. 예수에 의하면, 구덩이에 빠진 동물을 구출하는 것을 포함하여 안식일에 '선한 일을 하는 것'이 합법적이다. 그 당시 몇 푼에 팔렸던 참새들조차도 '하나님 앞에서 잊혀지지' 않았다. 하나님의 섭리는 모든 창조 질서까지 연장되며, 그리고 솔로몬의 영광과 그의 모든 일들도 들의 백합화와 비교될 수 없었다. '여우도 굴이 있고, 공중의 새들도 보금자리가 있다; 그러나 인자는 머리 둘 곳이 없었다.' 이렇게까지 하나님은 그의 창조를 돌보신다.[51]

물론 우리가 동물을 다룰 때 눈물을 흘리는 감상주의 같은 위험이 있다. 우리의 많은 행동은 신기하게도 일관되지 않다. 우리

는 우리의 자녀들을 재미있는 동물 이야기로 교육하며, 그들에게 하나님의 피조물을 평가하도록 가르친다. 우리는 데이비드 아텐보로(David Attenborough)의 야생 동물에 대한 해설과 롤프 해리스(Rolf Harris)의 동물 수술에 황홀해 한다. 그러나 우리는 동물들의 고기가 슈퍼마켓의 진열대 위에 올려지기 전에 번식되고, 사료가 주어지고, 수용되고, 도축되는 조건들에 대해서 많은 시간 동안 눈감고 있다. 피터 싱어(Peter Singer)는 대부분의 도시 주민들에게 다른 종들과의 주요 접촉은 식사 시간이라고 지적하였다: 우리는 그것들을 먹는다.[52]

동물들의 윤리적 지위는 최근에서야 광범위하게 토론되었다. 많은 저술들은 동물들에 대한 우리의 태도는 심상치 않게 무질서하다고 암시한다. 무슨 이유에서든 우리는 다른 인간을 다룰 때 적용해야 하는 '필요한 변화는 이미 행해졌다'는 원리가 동물들에게도 적용되어야 한다. 만약 인간이 내재적인 가치를 가진 존재라면, 동물들도 마찬가지이다. 만약 인간의 고통을 막아야 한다면 동물들의 그것도 그렇게 되어야 한다. 만약 인간이 생명의 즐거움과 기쁨을 경험할 수 있다면 동물들도 그렇게 할 수 있다. 동시에, 인간의 존재가 그들의 이성이나 자율성 덕분에 특이하다고 구별된다는 논증들은 유아들이나 치매로 고통당하는 노쇠한 자들에게 적용될 때 자주 깨어진다고 지적될 수 있다. 우리는 이런 판단 기준들을 어떤 인간이나 모든 비인간 동물들에게 사용하지 않아야 한다.

동물의 복지를 둘러싼 논쟁의 어려움들 가운데 하나는 많은 논문들이 권리와 연관하여 작성되고 있다는 것이다. 이것은 문제가 있는데, 부분적인 이유는 인간의 권리에 의해서 우리가 무엇을 의미하는지 명백하지 않기 때문이다. 어떤 철학자들은 권리라는 언어는 오직 행사하기, 즐기기, 선언하기, 주장하기, 권리의 포기하기 등의 상호 관계적 개념들의 맥락 안에서만 의미가 있다고 논증하였다. 이런 의미에서는 오직 인간들만이 권리의 담지자가 될 수 있다. 동물들, 나무들, 식물들 또는 물질적인 대상들이 권리를 소유하고 있다고 말하는 것은 지성적이지 않다. 그들은 권리를 가진 공동체의 구성원이 아니다. 새로 태어난 자, 약한 자, 혼수 상태에 빠진 자들은 권리를 가진 자로 생각될 수 있다. 왜냐하면 그들이 권리를 행사하거나 포기할 수 없는 것은 일시적이거나 우연적인 것이기 때문이다.[53] 그러나 동물들은 그와 같은 도덕적인 공동체 안에 포함될 수 없다. 그러므로 우리는 동물들의 권리를 믿는 자와 믿지 않는 자들 사이의 근본적인 불일치를 가지고 있다.

이 맥락에서, 창조신학이 공헌할 수 있는 부분이 있을 수 있다. 다 함께 인권에 대한 사이비 법적인 이야기를 피하는 것과 창조자의 전망으로부터 동물들이 평가될 수 있는지 이해하는 것이 가능하다. 그들은 하나님이 존재하도록 부르신 선한 창조의 불가결한 모습이다. 그들은 그들의 조물주를 기뻐하는 원천이다. 인간은 다른 동물들이 이미 존재하는 환경에서 창조되었으며 그들에 대한 관계에서 책임성이 주어졌다. 구약성서의 종말론적 비전은 그 안에서 서로 다른 종들이 평화와 조화 안에 공존하는 것이다. 이러한 연결에서 스탠리 하우어바스(Stanley Hauerwas)와 존 버크만(John Berkman)은 채식주의가 기독교의 종말론적 증언의 적합한

형태일 수 있다고 말했다.[54]

하나님이 그들에게 부여하신 생명 때문에 동물을 평가하는 것은 신학에 있는 인간 중심적 경향을 반대하는 한 방법이다.[55] 그것은 교회 안에서 인식이 점점 확대되고 있는 명령법이다. 창조 및 세계의 모든 생명의 보호의 통합을 유지해야 한다는 요구는 세계교회협의회(WCC)의 정의, 평화 및 창조의 보전위원회의 보고서들의 지배적인 주제이다. 아래의 지침은 1988년 세계교회협의회 특별 보고서에서 채택된 기독교 행동을 위해 착수되었다.

> i. 동물들에게 잔인하게 실험된 화장품과 가정용품을 피하라. 그 대신 잔인함으로부터 자유로운 상품을 구입하라. ii. 동물들에게 잔인한 역사를 가진 의상과 다른 패션 용품, 예를 들면, 모피 산업의 제품들을 피하라. iii. 공장형 농장에서 생산된 고기와 동물 제품들의 구입을 피하라. 그 대신 동물들이 존중된 식품회사에서 생산된 고기나 동물 제품들을 구매하라. 아니면 이들 제품들을 모두 사지 말라. iv. 단지 인간의 목적을 위한 수단으로 동물들을 다루는 오락의 형태로의 단골이 되는 것을 피하라. 그 대신 온화한 형태의 오락, 즉 하나님의 창조의 경이의 감각을 배양하며, 동물들을 포함한 모든 생명들과의 공동체 안에서 존경스럽게 삶으로 우리가 해방할 수 있는 축제의 의무를 재각성시키는 형태의 오락을 추구하라.[56]

피조된 것들에 가치가 부여되어야 하는 것은 단순히 인간을 위한 그들의 도구적인 유용성 때문이 아니다. 하나님이 창조하신 것은 인간적 연관에 앞서서 그리고 독립적으로 평가될 수 있다.

그러나 모든 생명의 형태에 윤리적 함의를 부여하는 것은 생명의 평등주의의 입장을 필연적으로 함축하지는 않는다. 이것은 모든 살아 있는 피조물들은 똑같은 도덕적 존중을 받을 가치가 있다는 관점이다. 그것은 알버트 슈바이처(Albert Schweitzer)의 '생명 존중'(reverence for life)의 원리와 깊은 생태학의 어떤 경향들과 같은 종류이다. 그러므로 곤충은 침팬지와 동등한 가치를 가지게 된다.

이 입장은 쉽게 부조리함으로 인도할 수 있으며, 서로 다른 종들 사이에 도덕적 구별을 가능하게 하는 가치의 등급화로 맞설 필요가 있다. 모든 피조물들이 도덕적으로 고려할 가치가 있다고 주장하는 것은 그들이 동등한 도덕적 함의를 가진다고 말하는 것이 아니다. 이와 관련해서, 우리로 하여금 다른 것보다도 가치를 더 잘 인식하고 담지할 수 있는 것으로 인지할 수 있게 하는 종들의 위계질서를 인지하는 경우가 있다. 과정신학은 이와 관련해서 교훈적이다. 찰스 버치(Charles Birch)는 만약 우리가 중앙 신경계의 발전에 의해서 가능하게 된 경험의 풍부함에 관련해서 생각한다면, 우리는 벌레와 모기보다는 영장류와 고래들이 보다 더 큰 본래적 가치가 있다고 볼 수 있다고 논증한다. "나는 아프리카의 침팬지를 구하기 위한 세계야생생물보호기금(World Wildlife Fund)의 캠페인에 박수를 치는 것에 아무런 어려움이 없다. 나는 천연두 바이러스와 말라리아 기생충을 박멸하는 세계보건기구(World Health Organization)의 캠페인에 박수를 치는 것도 어렵지 않다."[57]

이 가치의 등급화를 환경 활동에 적용하면 두 가지의 어려움이 있게 된다. 첫째로, 그것은 위계질서의 밑바닥에 보다 더 가까운 곤충이나 박테리아에 의한 생태계에 대한 중요한 공헌을 무시한다. 그러므로 환경은 포유류의 멸종을 통한 것보다도 곤충의 보호에 실패함으로 더 큰 파괴의 고통을 당하게 될 것이다. 이 통찰은 명백하게 환경 윤리 안에 수용되어야 할 필요가 있다. 어떤 종의 생명 영역에 대한 공헌의 도구적 가치는 무시될 수 없다. 그럼에도 불구하고, 등급을 매기는 것은 갈등적 상황에서 생명 형태들을 포함시켜야 하는 어려운 결단에서 불가피한 것으로 보인다.58)

두 번째 문제는 인간을 진화나무의 꼭대기에 놓은 것으로 나타나는 위계질서에서 암시된 인간중심주의에 관련된다. 이것은 단순히 인류라는 종에 대해 호의적인 도덕적 편견을 가지는 세계 인식의 방법인가?59) 이러한 반대에도 불구하고, [어느 종을 선택해야 하는가의] 갈등의 경우에서 그러한 결단을 하는 것을 피하기 어렵다. 그러한 결단은 가치의 암시적인 등급화를 포함할 것이다. 만약 그 여자의 심장 상태를 위하여 유일한 치료 형태가 돼지로부터 기관을 이식하는 것과 연관된다면, 우리는 인간이 죽도록 허락할 것인가? 인간의 독특성은 많은 기독교 전승에 불가결한 것으로 보인다. 이것을 부정하기는 어렵다. 비록 그들이 많은 부분에서 다른 피조물들과 공통적이기는 하지만, 인간만이 하나님의 형상으로 창조되었다. 비록 나머지 창조가 그것에 의해서 대표되기는 하더라도, 하나님이 맺으신 계약은 인간과 맺었다. 비록 그가 우리의 동물의 존재와 살과 피를 공유하였지만, 예수 그리스도는 인간으로 성육신하였다. 동시에 인간에 관해서 무엇이 독특한가에 대한 진지한 설명을 준비하는 동시에, 모든 동물들은 그들 자신 때문에 평가할 수 있어야 한다. 이것은 진화의 과정이 인간을

생산하려는 단 하나의 의도와 함께 세워졌다는 함축을 지지하도
록 요구하지는 않는다. 우리는 하나님의 창조 안에 중심적인 자
리를 가지만 그것이 배타적이지는 않다.

우리가 여기에서 직면하는 하나의 문제는 우주의 크기와 나이
이다. 우주는 믿을 수 없을 정도로 오래 되었고 큰데, 왜 인간은
우리 자신을 창조 이야기에서 중심적인 자리에 넘겨주어야 하는
가. 하나의 대답은 의식적인 생명을 생산하기 위해서 굉장한 몫
의 시간과 공간을 가진 우리의 것과 같은 우주를 취하는 방식을
지적하는 것이다. 또 다른 응답은 만약 구조와 의식의 복합성에
의해서 중요성이 평가된다면 인간 생명의 출현은 진정으로 놀라
운 것임을 지적하는 것이다. 아이언 바버는 이렇게 지적하였다.

가장 큰 복합성은 분명히 원자 차원이나 은하 차원이 아니라 중간
크기 영역에서 성취되었다. 인간의 뇌에는 백조 개의 신경 자극
전도부가 있다; 그것들을 연결하는 가능한 길들의 숫자는 우주 안
에 있는 원자들의 숫자보다 더 많다. 보다 더 높은 수준의 조직과
더 큰 경험의 풍성함이 천 개의 생명 없는 은하들 안에서보다는
인간 안에서 일어난다. 결국, 우주의 광대함을 이해하기에 이른
것은 인간들이다.[60]

진화론은 우리가 바로 그 자연계의 매우 큰 일부인 곳으로 가
는 길을 가리킬 수 있다. 동시에, 그것은 자연이 우리 안에 두드러
지게 새로운 형태의 삶을 생산하였음을 드러낸다. 이것은 우리가
앞서 읽었던 창세기 1~2장의 빛 안에서 의미가 있다. 아담은 자연
계에 속하며 흙에서 창조되었다. 우리의 신체적인 기능들 및 신

체적 장애들과 연관하여 볼 때 우리는 우리의 동물 종들과 많은 점에서 공통적이다. 수의학과 인간의학의 많은 연구 사역의 초점이 이것에 대한 최근의 증거를 담지한다. 그러나 하나님의 형상을 현현함에 있어서, 아담은 다른 피조물들과 능력에 있어서 구별된다. 우리는 아프리카의 침팬지나 고릴라가 그들의 DNA의 99%를 인간과 공유하지만, 1%의 차이가 생명의 형태에 있어서 현저한 변화를 만들어낸다는 것을 안다.[61] 침팬지는 표징으로 소통하는 것을 배울 수 있지만, 그러나 충분하게 언어를 배울 수는 없다. 연구에 의하면 침팬지는 추상적 사고를 할 수 있다는 것을 암시한다. 그러나 이것조차도 여전히 평균 두 살 어린이의 수준보다 훨씬 떨어진다.

고등 동물들은 자기의식의 어떤 형태들을 가지고 있다. 그러나 우리가 인간에게서 발견하는 자의식의 수준은 아니다. 우리는 미래를 상상하고 직접적인 현재로부터 추상하는 언어적 상징들의 조작을 위한 더 큰 기억 용량을 가지고 있다. 우리는 인간 실존의 목적에 대해서 반성할 수 있고, 우리의 유한성을 숙고하고 의미의 새로운 지평을 열어 주는 예술 작품을 창작할 수 있다.

우리의 사회적이고 언어적인 생활에서 (비트겐슈타인 이후에 우리는 이것들을 분리할 수 없다) 우리는 다른 피조물들보다 훨씬 더 큰 복합성을 보여 준다. 곤충들과 돌고래들은 짝짓기, 자손을 양육하고 교육하기 및 집단을 먹이고 보호하는 사회적 질서를 가지고 있다. 그러나 인간은 책, 미디어, 교육과 대중 연예의 체계를 가지고 있다. 인간의 지성적 능력과 창조성은 합리적 식별을 가능하게 한다. 이것은 자연 선택의 고려로부터 상대적으로 독립적인 문화적 전통의 가능성을 이해한다. 인간은 정보의 두 줄기 사이의 집중을 가리킨다; 하나는 상속되었으며 유전적인 반면에 다른 하나는 문화적이다.[62] 문화적 정보의 전달자로서, 인간은 창조 질서에 자유의 가능성과 형태들을 소개한다. 그러므로 인간의 정신은 생존을 위해서 적합한 판단 기준과 직접 연결되지 않은 합리적 평가, 미적 평가 및 도덕적 지각을 할 수 있다. 우리의 지성적 발전은 자연 선택의 요구를 넘어서는 그 이상으로서 우리로 하여금 어느 것이 아름답고, 선하고, 참된지 판단할 수 있게 한다. 이 가능성이 진화의 과정에 의해서 창조되었다는 것은 그것이 순수하게 생물학적 개념 안에서 해명이 될 수 있다는 것을 의미하지 않는다.

이 점은 존 바우커(John Bowker)에 의해서 그의 사회생물학의 환원주의적 경향에 대한 최근의 비평에서 잘 나타나 있다. 아마도 정신은 그것의 생존 가치와는 관계없이 무엇이 선하고, 참되고, 아름다운지 평가할 수 있을 것이다. 그러므로 거기에서 저 진화 생물학의 그것과는 다른 개념으로 평가되기를 요구하는 문화 변천사가 등장한다.[63] 이제 문화적 진화가 명시적으로 신체적 진화의 과정의 힘을 꺾는 것이 가능하다. 리처드 도킨스조차도 약한 자와 어울리지 않는 자를 보호할 수 있는 자연적이지 않은 복지 상태를 칭찬하였다. 그것은 이기적 유전자의 충동을 무효화한다. 비록 자연적이지 않지만, 그는 그것을 인간 성취의 최고의 영광으로 기술한다. 비슷한 예로, 게르트 타이센(Gerd Theissen)은 어떻게 예수의 가르침이 자연 선택의 표류와 경쟁하는지 예증한다. 새로운 가능성들을 소개함으로 우리의 생물학적 본성은 구속되었고 성취되었다. 그는 천국을 위하여 스스로 고자가 되는 자들을 칭찬한다 (마 19:10~12). 그는 그를 따르는 자들에게 가족과 집에 대한 충성보다도 더 높은 충성을 인식하기를 촉구한다 (눅 14:26). 이웃 사랑은 우리와 적대 관계에 있는 집단에 속한 자들에게까지도 연장되어야 한다 (눅 10:29~37).[64]

그 안에서 사람들은 진리와 거짓 사이에서 자유롭게 식별될 수 있는, 그리고 삶의 근본적 질문들이 제기될 수 있는, 문화적 진화의 출현은 고려할 만한 신학적 중요성을 가지고 있다. 그것은 그 안에서 하나님의 계시가 예언자들과 교훈들 및 한 백성의 역사를 통해서 일어날 수 있는 조건들을 제공한다. 그러므로 지나간 3천 년 이상 일어났던 사건들과 함께 신학의 열중은 의미가 있다.

다른 한 편, 우리는 이 통찰이 쉬운 진화론적 낙관주의를 조장하는 것을 허락할 수 없다. 선택의 과정은 그 본성상 생명의 진화에서 승자들과 마찬가지로 셀 수 없는 패자들이 있다는 것을 수반한다. 그러므로 구원론은 생명의 과정 안에 내재적인 동력의 계시와 관련해서 이해되어서는 안 된다. 그것은 사회적 역사와 마찬가지로 자연의 역사에서 파괴되고, 낭비되고, 상실된 모든 것들의 재정리와 구속으로 보아야 한다. 그의 최근의 저작에서 몰트만은 신약성서 안에서 우주적 기독론을 진화론적 맥락 안에 설정하고자 하였다.[65] 에베소서와 골로새서의 그리스도는 그를 통해서 모든 것들이 창조되었으며, 그 안에서 모든 것들이 그들의 지명된 목적을 발견하는 것이다. 이것은 그의 영광 안에서의 오심이 자연 전체의 변형을 수반한다는 것을 의미한다. 이것은 떼이야르 드 샤르뎅(Teilhard de Chardin)과 칼 라너(Karl Rahner)에게는 실례지만, 내재적인 자연적 힘의 실현이 아니라, 죽은 자로부터의 예수의 부활 안에 암시된 우주의 신적인 변형이다. 그러므로 그리스도는 성부와 성령과 함께 진화를 구속하는 분이라고 고백되어야 한다. 마지막 장에서 우리는 악의 문제와 창조된 생명의 끝이라는 문제에 대해서 살펴볼 것이다.

제4장
창조, 악 그리고 생명의 끝

✍ 신정론의 한계들

어떤 창조신학이든지 직면하게 되는 가장 큰 어려움은 악에 대한 설명을 마련하는 것이다. 하나님의 사랑과 능력은 왜 자연적이고 도덕적인 악이 창조된 우주 안에 그렇게도 과다하게 존재하도록 허락되었는가 하는 질문을 일으킨다. 자연적 악은 기근, 홍수, 지진 및 질병과 같은 현상으로부터 인간과 다른 동물들에게 발생하는 고통을 포함한다. 도덕적 악은 전형적으로 인간의 심술 궂음이 가져다주는 고통과 관련된다. 자연적 악과 같이 그것은 박해, 증오, 살인 및 강간을 포함하는 많은 형태를 취한다. 그것은 그에 대해서 우리가 비난받을 만한 악이다. 기독교 신앙이 직면하는 오래된 문제는 데이비드 흄에 의해서 단순한 딜레마의 형식으로 제기되었다. "에피쿠로스(Epicurus)의 오래된 문제들은 아직도 답이 없다. 그는 악을 막기를 원하지만, 그렇게 할 수 없는가? 그렇다면 그는 무능하다. 그는 할 수 있지만, 그러나 그렇게 할 뜻이 없는가? 그렇다면 그는 사악하다. 그는 할 수도 있고 할 마음도 있는가? 그렇다면 악은 어디서 왔는가?"[1] 신정론의 과제는 악의 현존에 대해 하나님을 정당화하는 만만치 않은 것이다.

전승사에서 신학자들은 한때 하나님의 선과 본래적인 창조의 완전을 타락론에 호소함으로 화해시킬 수 있었다. 우리는 이 이론의 중요성과 적어도 라틴 서방에서 대중적인 기독교의 상상을 장악했다는 것을 과소평가하지 않아야 한다. 그것은 신학이 창조 질서의 선함을 주장할 수 있게 하였으며, 또한 그것의 현재 상태의 소란에 대한 적절한 설명도 해주었다. 이것에 대한 설명과 비난이 아담과 그리고 그 안에서 모든 인류의 문 앞에 놓일 수 있게 되었다. 인간이라는 종의 도덕적 무질서는 아담이 은총으로부터 타락한 결과였다. 더 나아가서, 우주의 물리적 무질서는 첫 번째 인간 부부에 의한 잘못된 궤도 위에 자리 잡은 창조 안에 있는 악마적 영향의 결과였다.

우리는 이 모든 생생한 설명을 어거스틴의 〈신의 도성〉(City of God) 안에서 볼 수 있다. 악은 우주의 본래적인 구조 안에 내재하지 않는다. 그것은 그것이 천사이든지 인간이든지 간에 자유로운 합리적 피조물들의 선으로부터 타락과 연관하여 소극적으로 기술되었다. 자연적 악은 도덕적 악의 영향과 관련되어 설명되었다. 어거스틴의 타락론의 이런 모습은 그의 신정론에 아주 크게 중요하며, 우리는 그의 악론에 대한 그 함의를 과소평가해서는 안 된다.

우리의 이생은 첫 번째 인간의 모든 죽게 마련인 후손들이 저주 아래로 왔다는 증거이다....비인간적 근원으로부터 온 무서운 재

난들에 대한 두려움이 있다; 그리고 그것들을 차례로 세어 보자: 극도의 더위와 추위에 대한 공포; 큰 폭풍우와 홍수의 공포; 천둥과 번개, 우박과 벼락의 공포; 지진과 지각 변동의 공포; 건물의 붕괴에 의한 박살의 공포; 공황이든 악의이든 동물들에 의한 공격의 공포; 야생 동물들이 무는 것에 의한 공포인데, 그것이 단지 고통스럽기만 할 수도 있고 때로는 치명적일 수도 있다....다시 말하거니와 몸으로부터 일어나는 악이 있는데, 질병들의 모습으로 나타난다; 그리고 그것들이 너무나 많아서 의사들이 가진 모든 책들이 그 모두를 다 포함할 수 없다. 그리고 그것들 중 많은 것들은, 진실로 그들의 거의 모든 것은, 처방과 의술은 고통 거리의 수단이다. 그래서 환자들 자신은 고통스러운 치료로 고통스러운 마지막에서 구해진다.[2]

윌리엄스(N. P. Williams)는 원죄와 타락에 대한 그의 뱀턴 강좌(Bamton Lectures)에서 고대 교회 안에서 이 이론들의 가장 중요한 기능은 그들의 신정론적 기능이었다고 지적하였다. 다른 말로 해서, 타락은 왜 원래 선했던 창조가 지금은 부패한 상태인가를 설명할 수 있다. 오리겐(Origen) 이래로 신학자들은 원죄의 결과에 호소함으로 악의 문제를 상당히 해결할 수 있었다. "오리겐은 타락론을 창세기 3장의 낙원이야기 위가 아니라 윤리적 유일신론의 빛 안에서 고려된 악의 현상의 추론 위에 실제로 놓음으로 모든 중요한 원리를 파악하였다."[3]

우리가 타락론을 어떠한 역사적 설명으로, 특별히 자연적 악의 설명으로 만들든지 간에, 우리는 그것의 현상학적 표현으로 남아 있는 가치를 무시하지 말아야 한다. 그것은 상속 받은 조건으로,

그리고 그 안으로 우리가 태어난 환경으로 죄의 보편적 실재의 필연적인 표현으로 기능을 계속한다. 우리가 그것으로 오게 될 이 이론과 함께하는 어려움들이 우리가 이것을 보는 것을 막아서는 안 된다. 이 주제에 대한 최고의 최근의 설명들 가운데 하나는 코넬리우스 플란팅가(Cornelius Plantinga)의 〈추측되는 방법이 아니다: 죄의 기도서〉(Not the Way It's Supposed to Be: A Breviary of Sin)이다. 거기에서 플란팅가는 신학이 죄를 표현하기 위해 사용한 범주들에 의지하지 않고 우리의 조건을 적합하게 이해하지 못한다는 것을 보여 주는 죄의 기독교 현상학을 제시한다. 더 나아가서, 그는 우리가 죄에 대한 이야기를 상기하지 않고는 관련된 구세주인 그리스도를 의지함과 죄사함은 색다르게 들릴 것임을 보여 준다. 문학과 동시대의 삶으로부터 셀 수 없는 예증들을 통하여 그는 어떻게 죄의 어휘가 우리가 누구이고 우리가 어떻게 행동하는지를 이해하는 데 필요한지를 기술한다. 죄에 대한 민감하고 예증적인 표현으로서는 이것은 최고 가운데 하나이다.

우리는 '죄의 보편성, 연대성, 견고성 및 역사적 계기'[4]를 말해야 한다. 우리가 전형적으로 드러내는 죄들은 우리 자신이 만드는 것이 아니라 편견, 왜곡된 지각 및 무질서한 욕망의 전승들로부터 나온다. 동시에 죄는 단지 도덕적 범죄로서가 아니라 참된 삶의 목적으로부터의 이탈로 이해되어야 한다. 즉 우리가 하나님이 그렇게 되기를 원하는 사람이 되는 데 실패하는 변형이라고 이해되어야 한다.

우리의 삶의 요점은 멋지게 되거나, 부자가 되거나, 아니면 행복

해지는 것조차도 아니다. 강조점은 우리를 위한 하나님의 목적들을 발견하고 그것들이 우리 자신의 것이 되게 하는 것이다. 무엇보다도 하나님과 그리고 우리 자신과 같이 이웃을 사랑하는 방법들을 배우는 것이다. 그리고 골퍼가 드라이브 샷을 날리기 위해서 체크 포인트를 사용하는 것처럼 이들 사랑을 사용하는 것이다. 요점은 올바른 위치에 서는 것이요, 하나님의 나라를 먼저 구하는 것이요, 모든 것보다도 세계 안에서 평화의 양을 증가시키려고 노력하는 것이다.[5]

죄는 본질적으로 그 특징이 부정적이다. 그것은 좋다고 생각될 수 있는 것들 위에 기생한다. 사탄의 가치조차도 매우 전통적이다. 죄는 가치 있는 것들과는 달리 파괴하고 망쳐 놓는다. "죄된 삶은 한 부분으로는 내리 누르며, 또 다른 부분으로는 순진한 인간의 삶의 우스꽝스러운 풍자이다."[6]

비록 죄론이 여전히 하나님 앞에서 인간 피조물로서 우리가 누구인지를 이해하는 데 필요하더라도, 그 신정론적인 기능은 그럼에도 불구하고 현대 과학에 의해서 심각하게 훼방되었다. 악이 창조 질서 안으로 침입한 것을 설명하기 위하여 원죄를 사용하는 데 있어서 중심적인 어려움은 자연적 악의 원인들이 인간 종의 출현보다 앞선다는 것이다. 우리의 행성에 인간이 출현하기 이전에 창조된 생명은 고통, 질병, 투쟁 및 죽음에 의해서 특징지어졌다. 이 같은 현상들을 우리의 첫 번째 조상들의 원죄의 결과라고 보는 것은 이제는 불가능하다. 죄론이 우리의 상황에 대한 필요한 서술을 계속 제공할 수 있겠지만, 그것은 자연적 악의 원인의 설명, 즉 지진, 기근, 홍수, 질병 및 죽음의 원인을 제공하지는 않는다. 이 문제는 공룡들이 가장 고통스러운 형태의 관절염 투성이가 되어 죽었다는 것을 드러내 주는 화석의 존재를 지적한 지질학자에 의해서 나에게 예증되었다. 질병, 고통 및 죽음은 인간의 출현 오래 전에 창조 질서 안에 그렇게 현존하였다.

우리 조상들은 우리 행성 위 어느 곳에서나 창조된 많은 생명들과 더불어 공유하는 자신들을 발견하였다. 그들의 상태가 본래 완전하였으며, 그들의 최초의 죄가 우주적 환경에 파국적 변화를 가져왔다는 개념은 이제 유지될 수 없다. 아무리 많은 자연적 악이 인간의 죄에 의해 혼합되었을지라도, 우리는 어떤 단순한 인과관계를 만들어낼 수 없다. 그리하여 존 폴킹혼은, 그의 신학적인 본능은 일반적으로 정통주의적인데, 타락론에 대한 그의 어려움을 퉁명스럽게 썼다. 죽음은 거기로부터 인간 종들이 진화하였던 동물의 세계 안에 언제나 현존하였다. 우리는 자연사의 과정 안에서 어떤 불연속성도 구별해 낼 수 없다. 즉 창조가 거기로부터 내리막길이 된 황금시대의 표징들을 구별해 낼 수 없다.[7]

신정론의 문제는 신학사의 이전의 어느 시기에서보다도 20세기 말에 신학자들에 의해서 보다 더 예리하게 느껴졌다. 이것은 물론 이전의 사상가들이 현대의 사상가들만큼 악에 대해서 깊이 있게 반성하지 않았다는 것을 말하려는 것은 아니다. 그러나 악의 신학들을 둘러싸고 있는 널리 퍼진 불안은 오늘날 신정론의 작업 자체가 신학적으로 잘못 자리 잡았으며 도덕적으로 부적합하다는 문제로 소환되었다는 것이 지적되었다.

신정론의 표준적인 움직임들은 되풀이될 필요가 없다. 고통은 그 안에서 피조물들은 자유롭고, 그 안에서 생명은 투쟁을 통해서 진화해야 하며, 그 안에서 인간들은 용기, 관용, 자기 훈련 및 견인의 덕을 획득해야 하는 세계의 불가피한 부산물이라고 주장하는 어느 정도 타당한 논증들이 있다.

우리는 수 세기에 걸쳐 신학자들과 철학자들이 만든 세 개의 가능한 움직임들을 구별할 수 있다.[8] 자유 의지는 인간의 자유는 보람 있는 인간의 삶의 필연적이고 바람직한 모습이라고 방어 논증을 한다. 그러나 자유 의지의 값은 인간들이 하나하나에 대하여 그리고 창조의 나머지에 대하여 악에 타격을 주는 능력을 가지게 되리라는 것이다. 수단적인 신정론은 만약 우리가 하나님이 우리를 위하여 뜻하시는 그 덕들을 발전시켜야 한다면 우리의 환경 안에서 어느 정도의 고통과 불쾌함은 필연적이라고 주장한다. 그러므로 그 안에 자연적 악이 있는 세계는 다르게 인식될 수는 없는 견인, 용기, 희생 및 관용의 응답을 끌어낼 것이다. 스윈번은 이렇게 말한다. "우리에게 기회를 주기 위해서, 그렇지 않으면 영웅이 되는 것을 피하기 위해서, 돈과 힘이 오랫동안 막아낼 수 없는 모르는 사이에 작용하는 부패와 분해의 과정이 필요하다."[9] 마지막으로 어떤 어두움, 그림자 및 부조화를 가지고 있는 세계는 그것들의 조화가 감동적이고 위엄이 있을 수 있다. 이 견해는 플로티누스(Plotinus)에 의해서 표현되었는데, 그는 생명 형태들의 등급을 정한 계승은 지성적인 다양성으로 가득한 이성의 표현이라고 주장한다.

우리는 어떤 그림에서 모든 곳의 색깔들이 아름답지 않다고 불평하는 그림에 무지한 사람들과 같다; 그러나 그 예술가는 모든 곳에 적합하게 엷은 색칠을 하였다. 또한 아무리 잘 통치되었다고 하더라도, 도시들이 모두 동등한 시민들로 구성되지 않는다는 것을 주목해 보라. 또 다시, 우리는 등장인물들이 모두 다 영웅들이 아니고 하인과 시골 사람과 약간의 야비한 어릿광대를 포함한다고 드라마를 책망한다; 그러나 빈약한 등장인물들을 빼 버리면 그 드라마의 힘은 사라진다; 이것들은 그것의 일부요 조각이다.[10]

그러나 이와 같은 설명이 직면하는 치명적인 어려움은 우리 주위 어디에서나 보는 악의 과잉을 그들이 수용할 수 없다는 것이다. 분별 있고 사죄하는 제안 같이 보이는 것은 우주 안에서 악의 양과 깊이에 관한 화급한 질문들에 직면하게 되면 사라진다. 이반 카라마조프(Ivan Karamazov)의 입을 빌린 도스토예프스키(Dostoevsky)의 장광설 이래 우리는 '어린애는 어떻게 되는가?'라는 질문에 항상 조율되었다. 그녀의 부모들에 의한 가장 끔찍한 어린이 학대를 묘사한 다음에 이반은 초보 수도사인 그의 형제 알료사(Alyosha)에게 이렇게 말한다.

[이 불쌍한 다섯 살짜리 어린이는 저 교화된 부모에 의해서 가능한 모든 고난을 당했다. 그들은 아무런 이유도 없이 그녀의 몸이 타박상을 입을 때까지 주먹으로 때렸고, 도리깨질했고, 발로 찼다. 그리고 그들은 더욱 더 세련된 잔인성으로 진행하여 갔다—그녀를 밤새 춥고 서리가 낀 옥외 변소에 가두고, 그리고 그녀가 밤중에 데리고 가라고 요청하지 않았다고 해서(마치 천사처럼 온전히 자고 있는 다섯 살짜리 어린애가 깨어나서 요청하도록 훈련될 수 있기나 한 것처럼), 배설물로 그녀의 얼굴을 문지르고 입에 채워 넣었는데, 그런데 그녀의 어머니, 그녀의 어머니가 이런 짓을 하였던 것이다! 그리고 저 어머

니는 그 불쌍한 어린애가 신음하는 것을 들으면서 잠을 잘 수 있었다! 너는 자기에게 무엇이 행해졌는지 이해할 수 없는 어린 피조물이 왜 어둠과 추위 속에서 작고 쑤시는 가슴을 치고, 그리고 자기를 보호해 달라고 사랑하는 자비하신 하나님께 온화하면서도 원망하지 않는 눈물을 흘리는지 이해할 수 있는가? 친구요 형제인 너 경건하고 겸손한 초보 수도사는 이해하느냐? 너는 왜 이 악명이 존재해야 하고 허락되어야 하는지 이해하느냐? 내가 들었는데, 그것이 없다면 인간은 지상에 존재할 수 없었다. 왜냐하면 그는 선과 악을 알 수 없었을 테니까. 왜 그는 악마적인 선과 악을 그리도 값이 비싼데도 알아야 하는가? 왜 전체 지식의 세계는 저 어린애의 '사랑하는, 사비하신 하니님'께 하는 기도만큼 가치가 없는가? 나는 장성한 사람들의 고통에 대해서는 아무 것도 말하지 않는다. 그들은 사과를 먹었잖아. 제기랄, 그리고 악마가 그들을 취했어! 그러나 이 작은 것들은 아니잖아!¹¹⁾

우리는 최근의 문학으로부터 어떤 전통적인 신정론의 단점들을 드러내는 또 다른 동일하게 생생한 실례들을 발견할 수 있다. 아우슈비츠(Auschwitz) 근방에 있는 부나(Buna)에서 수천 명의 재소자들과 경비원들 앞에서 교수형으로 천천히 죽어가는 한 소년에 대한 엘리 비젤(Elie Wiesel)의 묘사, 또는 소피(Sophie)의 아이들 가운데 어느 애가 가스실로 가고 어느 애가 남을 것인지 선택하도록 그녀에게 강요하였을 때의 윌리엄 스타이론(William Styron)의 보고 등이 있다. "나는 선택할 수 없어! 나는 선택의 여지가 없어! 그녀는 비명을 지르기 시작했다. 오, 어떻게 그녀는 자신의 비명을 회상할 수 있는가! 괴로워하는 천사들도 지옥의 대혼란 위에서 그렇게 크게 비명을 지르지 않았다. '나는 선택의 여지가 없어!' 그녀는 비명을 질렀다."12)

　그러한 잔학 행위 앞에서 때때로 신정론은 도덕적으로 타락했다고 말해졌다. 그런 것들이 일어나는 세계를 정당화하는 것은 우리의 윤리적 감수성을 양보하는 것이다. 신정론은 정당화될 수 없는 것을 정당화하려는 시도이다. 격노를 완화시키면서, 그것[신정론]은 우리가 그것[악]과 만나는 어디에서나 악과 싸우려는 우리의 결의를 약화시킨다. 모든 것은 최고를 위한 것이라고 주장함으로, 신정론은 우리의 도덕적 지각을 왜곡하며 모든 악의 현현에 응답한다. 보다 더 적합한 신학적 응답은 악의 고통을 극복하고 항거하기 위한 각각의 주도권을 정당화하려고 하지 말고 도우려고 해야 한다고 말해졌다.13) 유일하게 정당화될 수 있는 반응은 항거하는 것 중 하나이다.

　항의하는 신정론[악에 대한 하나님의 반대]과 십자가의 신학이 정렬한 곳은 예수의 하나님이 수난의 곤경으로부터 분리되지 않고 그 안에 서 계시다는 것을 인식하는 곳이다. 악의 희생자들과 동일화함으로, 하나님은 그들의 수난의 원인이 되는 세력들에 대항하여 고난당하는 자들과 함께 자리하신다. 각각의 희생자와 각각의 죄인과의 자발적인 이 동일화 속에서, 악에 대한 항거는 강화되고, 이것이 사물들이 최종적으로 되어갈 방식이 아니라는 종말론적 희망이 제시된다. 그러므로 악에 대한 신학적 응답은 왜 그것이 나타나게 되었는지 설명하려고 추구하지 않고 하나님의 나라에서 그 최종적 패퇴를 바라본다. 기독교 신앙의 우선적인 관심은 악의 설명을 추구하는 대신에 악의 패배를 선포하는 것이어야 한다는 주장을 위한 강력한 성서적인 근거가 있다. "그 날에

여호와께서 그의 견고하고 크고 강한 칼로 날랜 뱀 리워야단 곧
꼬불꼬불한 뱀 리워야단을 벌하시며 바다에 있는 용을 죽이시리
라” (사 27:1).

그러나 이 접근과 함께 창조론 안에 문제들이 발생한다. 항의
하는 신정론과 최근의 십자가의 신학은 창조의 하나님과 구속의
하나님 사이의 마르키온적 구별을 설명할 수 있을 것이다. 도날
드 맥키논(Donald MacKinnon)은 그의 강좌에서 이렇게 말한 것으
로 전해진다. “만약 내가 이단을 위해서 소환되어야 한다면, 그것
이 마니교가 되게 하라.” 이 발언에는 어떤 기독교적인 의미가 있
다. 하나님의 작업은 창조 질서에 고유한 익을 패퇴시키는 것 안
에 있다. 하나님은 사물들이 그들의 파괴를 향하여 일하는 도상
에서의 저항과 연관된다. 이 모든 것은 옳다. 그러나 창조론은 구
속하시는 하나님 역시 주권적인 창조자라고 가르친다.

어떤 이론도 과다한 양의 악을 정당화하지 않을 것이며 어느
것도 목회적 응답으로서 적합하지 않을 것이다. 그러나 창조는
그 미와 웅장한 질서에도 불구하고 그렇게 불완전하다는 방식으
로 기술하려는 시도가 행해질 필요가 있다. 아마도 우리는 여기
에서 기술하기와 정당화하기 사이의 구별을 해야 할 것이다. 그
아래에서 어떤 시행자가 특정한 행동을 수행한 환경을 기술하는
것은 그 행동을 정당화하는 것이 아니다. 왜 어떤 것이 일어났는
지 우리로 하여금 이해하도록 도와주는 기술은 그것의 도덕적 정
당화와 동등하지 않다. 악의 기술은 이것이 악의 문제를 해결하
는 적합한 설명으로 기능한다는 가정 없이 하나님의 창조적이고
구속적인 목적 안에 그것을 자리매김할 것이다.

몰트만은 무죄한 자의 고난은 정당화될 수 없다는 입장이 요지 부동인데, 그가 무로부터의 창조론에서 악의 기술을 그렇게 하려고 시도하는 것은 중요하다. 최소한도, 창조신학은 하나님의 선함과 창조적인 과정에 대한 기독교의 확신과 조화하는 악의 기술의 어떤 시도를 해야 한다. 보다 전통적인 신정론들과 맞물려 들어가는 창조의 케노틱[kenotic, 텅빈]한 측면에 대해 다루는 것은 이 맥락에서 무언가 말할 것이 있을 것이다. 하나님의 목적에 맞는 세계를 창조하는 조건들은 도덕적이고 자연적인 악에 대해서 일어나는 조건들이다. 우리는 광범위한 신학자들의 작업에서 이 논증에 의지가 되는 것을 발견한다. 예를 들면, 브룬너(Brunner)는 창조 안에서 하나님의 자발적인 자기 제한에 대해서 쓴다. 하나님의 영광은 하나님의 사랑의 말씀에 대한 자유로운 피조물들의 응답 안에 현현된다. 이것을 하기 위해서 하나님은 많은 분량의 자기 제한을 하나님 자신에게 부과한다. 이것을 그는 케노시스, 즉 피조된 자유가 하나님께 반항할 수 있는 가능성을 창조하는 자기 비우기라고 묘사한다. "케노시스는 그리스도의 십자가 안에서 역설적인 정점에 도달하는데, 세계의 창조와 함께 시작하였다."14)

최근의 과학 역시 이 악의 기술에 공헌하였다. 하나님이 그 안에서 계약적 관계를 위해 의식적인 존재들이 나타날 수 있는 확고하고 진화하는 생명과 함께 우연적인 창조를 마련하신 것에는 착수된 위험이 있다. 특수한 통제의 형태를 가진 자발적인 포기가 있다.15) 창조는 기회와 필연성의 상호 작용에 따른 진화에 허락된 어떤 것이다. 그것이 현재의 형태로 나타남은 하나님에 의해서 뜻한 바이지만, 발생하는 모든 것이 하나님이 원하셔서라는 의미에서가 아니라 창조가 이런 방식으로 되는 것이 허락되었다는 의미에서 그렇다.

그러나 이것은 하나님이 멀리 떨어져 계신 분이 아니라는 말이다. 그것은 관망자의 물러남이 아니라 특정한 시행자의 형태에 적합한 통제의 양도이다. 하나님의 행동은 그 안에서 창조가 안으로부터 구속되는 것이지 밖으로부터의 지나친 지배가 아니다. 이렇게 세계를 그대로 두는 것은 그 자체가 그리스도의 십자가에 의한 구속의 희생에 공명하는 희생이 따르는 사랑의 행동이다.

시몬 웨일(Simone Weil)은 언젠가 이렇게 썼다. "하나님은 창조자이기 때문에 전능한 것이 아니다. 장소는 포기하기이다. 그러나 그는 그의 포기가 자발적이라는 의미에서 전능하신 분이다. 그는 그 결과를 아시고 그리고 그것을 뜻하신다....하나님은 자신을 비우셨다. 이것은 창조와 성육신 둘 다 수난 안에 포함되었다는 것을 의미한다."16) 이 견해와 과정신학에서 발견된 유사한 견해 사이의 차이는 하나님이 창조에서 그대로 두심(letting-be)이 자발적인 자기 포기의 행동의 결과라는 것이다. 그것은 이미 종말론적 목표를 바라보는 자발적인 자기 포기이다.17)

홉킨스의 "독일호의 난파"는 한겨울의 폭풍우에 '독일호'라는 배가 테임즈 강의 입구에 있는 모래톱에 충돌하여 다섯 명의 독일 수녀들이 죽었을 때 썼던 시였다. 그는 그 사고를 1875년 12월 11일 〈더 타임즈〉(The Times)지에서 읽었다. "다섯 수녀들의 시체들이 여기 장례식장에 있는데, 손을 꽉 쥐고 있는, 함께 물에 빠졌던, 여위고 180cm쯤 되는 수녀원장은 가끔 큰 소리로 '오 그리스도여, 어서 오소서!'라고 마지막까지 불렀다. 여자들과 아이들의 비명과

흐느낌은 번민하는 자인 생존자들에 의해 표현되었다."

홉킨스는 이 기사가 자주 떠올랐으며 그 독일 수녀들이 정치적 망명지를 찾아서 영국으로 왔으나 당국에 의해서 되돌려 보내졌을 뿐이라는 것을 나중에 알고 크게 부끄러워졌다.[18] 그가 그 시를 쓰는 데는 6개월이 걸렸으며, 그것은 그의 7년간의 침묵 이후에 나타난 최초의 위대한 노력이었다. 비평가들은 그것이 신학적으로나 미학적으로나 결점이 있는 시라고 논증하였다: 그것은 너무나 정교하고 장황하다; 그것은 성적 비유로 흠뻑 적셔졌다; 그것은 때로는 감상적이고 그것이 기술하는 특정한 고난과 죽음에 대한 시선을 잃고 있다; 그것은 분파주의적인 혐오로 종교개혁을 공격한다; 그리고 그것은 키 큰 익사한 독일 수녀의 상징에 너무 많이 주목하게 한다. 그럼에도 불구하고, 그것은 세계의 장대함, 고난의 깊이와 그리스도의 수난에 의해서 구속된 모든 생명의 목표에 대해서 할 말이 많은 시이다. 그것은 창조자의 영광에 대한 증언을 담지한다. 그러나 하나님의 주권은 비록 그것을 주의하지만 또한 숨어 있다는 것을 우리에게 말한다. 창조의 부패와 그리스도 안에서 창조자를 베일로 가리는 것에 연관된 두 가지 이유 때문에 그것은 숨어 있다.

홉킨스에게 예수의 인격은 단지 내주하는 창조의 원리로서 어느 곳에나 알려져 있는 로고스의 한 표현이 아니다. 그리스도가 성부의 실체에 속하시기 때문에—성자됨은 영원한 하나님의 본질이기 때문에—내주하는 창조의 원리는 오직 그리스도의 성육신과 수난에 연관되어서만 동일화될 수 있다. 이와 연관하여, 그리스도는 단지 창조자의 한 표현이 아니다. 창조 그 자체는 그리

스도가 형성하고 중심이 되었다.[19]

하나님의 숨어 계심의 의미는 홉킨스의 후기 시, 특히 1885년의 "무서운 14행시들"(The Terrible Sonnets)에서 강화되었다. 폴 피데스(Paul Fiddes)는 이 시들에 대한 신학적 분석에서 홉킨스가 성육신한 그리스도가 고통과 세계의 비참함 가운데 숨어 계셨음으로 실현되었다는 믿음의 상실을 그리 많이 고통스러워하지 않았다고 암시한다. "만약 그리스도가 더 이상 자연의 산불로 빛나는 것처럼 유명하지 않으시다면, 이것은 그가 부재하시기 때문이 아니라 *1*가 제와 덩어리들 속에 숨어 계시기 때문이다."[20] 그러므로 홉킨스는 어떤 비평가들이 그의 가장 위대한 시라고 고려하는 부활에 대한 시를 이렇게 쓴다.

충분하다! 부활이여.
심장의 크고 맑은 소리! 슬픔의 숨 막힘, 즐거움 없는 날들,
　　낙담은 물러가라.
나의 가라앉는 갑판을 가로질러
등대의 영원한 빛줄기가 빛난다. 육체는 시들고, 죽어가는 쓰레기
나머지 벌레 위에 떨어진다: 세계의 산불, 재만 남긴다:
섬광 속에, 나팔이 큰 소리로 울릴 때,
나는 단번에 그리스도가 되는데, 왜냐하면 그는 내가 되기 때문에, 그리고
이 선원은, 놀림당하는 자요, 불쌍한 질그릇 조각이요,
　　헝겊 쪼가리이지만, 나무 조각에 불을 붙이니,
불멸의 다이아몬드가 있네,
그는 불멸의 다이아몬드이네.[21]

창조는 오직 구속의 관점에서만 이해될 수 있다. 그리스도의 죽음과 부활의 의미에 대한 특별한 확신을 제쳐놓고 이 견해를 가능하게 만드는 너무나 많은 낭비, 고통 및 때 이른 죽음이 있다. 그러나 부활은 죽은 자로부터의 일반적인 부활, 하나님의 나라의 도래, 그리고 하나님의 공의의 확립에 대한 유대교의 희망의 맥락에서 일어난다. 이렇게 창조 안에 있는 하나님의 방식들의 이해는 이미 모든 것들의 끝을 바라본다. 이것은 종말론의 주제로 우리를 인도한다.

✍ 과학적 종말론

제 1장에서 우리는 창조에 대한 성서적 관련들이 어떻게 자주 미래에 대한 희망들과 결합되었는가를 주목했다. 언젠가 하나님이 세계를 존재하게 하는 가운데 행했던 것이 오직 약속된 미래에 대한 관련에 의해서만 파악될 수 있다. 계속적인 창조의 관념은 하나님이 눈에 보이는 목적에 따라서 세계를 만들기를 계속하신다는 관념을 표현해 준다. 그러나 최근의 과학적 종말론들은 신학을 위해 적절한 질문들을 제기한다. 우리는 광대한 우주의 나이의 중요성에 대해서 살펴보았다. 그러나 미래의 광대함에 대해서는 어떤가? 우리가 팽창하고 있는 우주 안에 살고 있다는 인식과 함께, 그 팽창이 막연하게 계속될 것인지 아니면 우주는 결국 수축될 것인지 하는 질문이 일어났다.

우리는 지금 최초의 3분간에 대한 책들만이 아니라 최후의 3분에 대한 책들도 가지고 있다.[22] 이 두 가지의 가능성들은 두 개의 매우 다른 시나리오들을 발생시킨다. 하나는 그 안에서 팽창이 멈추고 물질은 지속적으로 그 자체 안으로 터지는 (내파하는) 축소와 함께 소위 닫힌 우주의 대수축이다. 다른 하나의 시나리오는 그 안에서 팽창은 계속되지만 그러나 별들이 소진되는 것으로 결국 은하들이 어마어마한 블랙홀들로 분해가 되는 열린 우주의 열 죽음이다. 과학자들은 어느 쪽 시나리오가 더 그럴듯한가 하는 문제에 대해서 양분된 것으로 보인다. 많은 것은 우주 안에 있는 물질의 양에 달려 있다. 팽창을 뒤로 돌리고 그리하여 축소를 가져올 만큼 충분히 있는가? 아니면 물질의 양이 애매한 팽창을 막기 위해 요구된 것보다 적은가? 어느 쪽 길이든지 현대 우주론에 기초하여 볼 때 우주의 궁극적 미래에 관해 낙관적이 되기는 어렵다. 이것은 진화론적 낙관주의에 대한 어떠한 신념에 대해서도 최종적인 의문 부호를 그린다.[23]

한 유명한 구절에서, 버트란트 럿셀(Bertrand Russell)은 언젠가 우주의 열 죽음의 함축에 대해서 논평하였다. "모든 시대들의 노동, 모든 봉사, 모든 영감, 모든 인간 천재들의 정오의 밝음은 태양계의 광대한 죽음 안에서 사멸하기로 정해져 있다....이 모든 것들은 비록 논쟁 너머에 있는 것은 아닐지라도, 너무나 거의 확실하여 그것을 거부하는 어떤 철학도 서기를 희망할 수 없다. 오직 이 진리들의 단두대에서만, 오직 굴복하지 않는 절망의 견고한 기초 위에서만 영혼의 거주지가 향후에 안전하게 건설될 수 있다."[24]

우주에 대한 과학적 예후에 의해서 제기된 질문들에 더 큰 주의를 기울여야 한다는 탄원이 과학과 종교 사이의 대화의 맥락에서 볼프하트 판넨베르크에 의해서 제기되었다. 그는 오고 있는 세계의 마지막에 대한 기독교의 진술이 수십 억 년간 지속될 미래를 예언하는 과학적 이론과 화해할 수 있는지 묻는다. 생명을 유지하는 조건들이 의식적인 생명이 겪어온 것보다 훨씬 더 길게 지속될 것이라는 과학적 예언은 성경이 역사의 마지막에 대해서 말하는 긴박성과 연결하기가 어렵다.[25]

그럼에도 불구하고, 최근의 시도들은 이 종국적인 우주적 대참사에 직면하여 희망을 제안하는 과학적 종말론을 스케치하였다.[26] 프리먼 다이슨(Freeman Dyson)은 열린 우주 안에서 인간은 우리가 현재 즐기고 있는 것들과 매우 다른 조건들에 적응하기를 배울 수 있을 것이라고 암시한다. 이것은 지금부터 약 10^{33}년 안에 생명의 적응 가능성에 대한 최대의 시험이 될 것이다. 그의 기포드 강좌에서 다이슨은 인간의 주도를 통해서 생명은 종국적으로 다른 행성들과 은하들에 수출될 것이라고 암시한다. 이 생명은 제로 중력, 제로 기온 및 제로 압력의 조건들에서 생존할 수 있어야 할 것이다. 마지막 조건인 제로 압력은 가장 골치 아픈 것이지만, 그러나 다이슨은 약 5억 년 전에 생명이 물로부터 공기로 이동하였던 것과 같이, 그것은 공기로부터 진공으로 유사한 이동을 할 수 있게 될 것이라고 예견한다.[27]

그는 신속하게 프라이가 되기보다는 느리게 얼어붙는 것에 의해서 죽음을 향해서 나아가는, 열린 우주 안에서의 생명의 미래에 대한 보다 더 큰 질문을 계속한다. 생명의 본성은 실체보다는 조직 안에 있다고 그는 주장한다. 의식은 조직의 특별한 형태의 결과이며, 그러므로 살과 피로부터 분리된 형태 안에서 재생산될 수 있다. 그러므로 지성은 '초전도체 전기 회로의 네트워크에서 또는 별들 사이의 먼지 구름들에서' 구현될 수 있을 것이다.[28] 우주가 점점 더 추워지게 되면, 생명은 에너지의 신진대사를 하강하는 기온에 맞추어 적응할 수 있다. 만약 우리가 생명의 적응 가능성을 가정하면, 에너지의 비율은 환경적 온도의 제곱만큼 떨어질 것이다. 무한대로 확장하는 우주에서 생명은 유한한 에너지의 저장 위에서 생존할 수 있다고 그는 결론을 내린다.[29]

미래의 보다 너 희망적인 비젼을 제시하려는 또 다른 시도는 프랭크 티플러(Frank Tipler)의 매우 대중적인 책 〈불멸의 물리학〉(The Physics of Immortality)에서 만들어졌다. 티플러는 대수축을 말하는 닫힌 우주 가설을 선호한다. 그는 물리학이 많은 고대의 신학적 문제들에 대한 해결을 제공할 수 있다고 믿으며, 그리고 대부분의 신학자들은 오늘날 크게 종말론을 무시한다고 불평한다. 그는 이렇게 말한다. "신학을 물리학 안으로 흡수할 때가 왔으며, 천국을 전자처럼 현실적으로 만들 때가 왔다."[30]

다이슨의 제안과 마찬가지로, 티플러의 응답은 인간의 정신은 뇌라는 하드웨어 안에 있는 소프트웨어 프로그램이라는 견해로 예견되었다. 이 프로그램은 상상할 수 있게 다른 하드웨어로 이전될 것이다. 붕괴하는 우주의 최종적 단계에서 광대한 양의 에너지가 유용하게 될 것이다. 우주의 일정하지 않은 붕괴율을 조작함으로, 생명은 생존하고 번영하는 데 충분한 에너지를 이용할 수 있다. 그것은 대수축 이전의 조건들에 의해서 가능하게 된 오메가 포인트에서 n번째 도(degree)까지 이것을 할 수 있다. 여기에서 생명은 모든 물질과 에너지 상태를 통제할 수 있으며, 그리고 무한한 양의 정보 처리를 위해 충분한 에너지를 모을 수 있다. 의식의 처리에 대하여 오메가 포인트에 도달하는 것과 최종적 특이점 사이의 유한한 기간만이 있다고 해도, 정보를 처리하는 의식에게 있어서 이것은 무한한 주관적 시간과 같다. 티플러에게 오메가 포인트는 무소부재하고, 전지하고, 무한한 것이 된다.

불멸성은 오메가 포인트의 전체 물리적 우주의 겨루기 덕분에 성취된다. 이 점[오메가 포인트]에서 성취되는 정보 처리 능력은 각 각의 가능한 존재를 위한 모든 가능한 양자의 상태들과 겨룰 수 있다. 있었고, 있고, 있게 될 사람들을 만드는 세포들, 분자들, 원자들 및 원자 이하의 미립자들의 겨루기와 함께 우리는 이 오메가 포인트에서 모두 다 효과적으로 부활할 것이다.[31]

우리의 종들이 멸종하는 것은 영원한 진보의 논리적으로 필연적 인 귀결이다. 우리는 유한한 존재들이기 때문에, 우리는 분명한 한계들을 가지고 있다. 우리의 뇌는 그렇게 많은 정보를 부호화할 수 있으나, 우리는 오직 단순한 논증들만을 이해할 수 있다. 만약 생명이 오메가 포인트로 상승하는 일이 일어난다면, 어느 날 가장 진보된 정신들은 비호모 사피엔스가 되어야 한다....오메가 포인 트가 다가오면 우주적 컴퓨터 용량이 한계가 없이 증가하기 때문 에 다음과 같은 일이 뒤따른다. 만약 현재 우리가 있는데 세계의 가장 중요한 기본적인 묘사만이 항구적으로 저장된다면, 오직 단 순한 물리적인 힘에 의해서 우리의 오늘날의 세계를 시뮬레이트 (simulate)할 수 있는 충분한 컴퓨터 용량이 있게 될 때 불가피하게 어떤 시간이 오게 될 것인데, 그것은 우리가 있는 세계의 모든 논리적으로 가능한 변형들의 정확한 시뮬레이션—하나의 겨루기—
을 창조함으로 가능할 것이다.[32]

다이슨과 티플러 두 사람의 종말론들과 함께 하는 명백한 어려
움은 그것들의 사변적인 본질에 있다. 비전문가조차도 이 미래의
비전들 안에 연루된 추측과 환상의 수준을 재빨리 식별할 수 있다.
특별히 대수축 안으로 달려 들어가는 우주적 에너지의 이용에 연
루된 문제들은 가공할 만한 것이 틀림없다. 폴 데이비스는 이 논
쟁에 대한 그의 최근의 기고에서 물질의 최종적인 중력의 붕괴의
양자 효과들은 정보 처리의 비율에 한계를 정할 것이라고 제안하
였다. 그는 이렇게 말한다. "만약 그렇다면, 우리는 우주적 초 존
재나 초 컴퓨터가 유용한 시간 안에 그 자신의 사멸성과 화해할
수 있도록 최소한 존재를 잘 이해하게 되기를 희망하자."[33]

다른 한편, 이들 과학적 종말론들의 옹호자들은 인간의 지성이
그런 사건들의 상태를 초래하는 광대한 어려움들을 상술하고 극
복하는 일을 해내야 하는 시간을 지적할 수 있다. 만약 우리에게
수백억 년의 시간이 남아 있다면 왜 몇 가지의 실제적인 세부 항
목에 대해서 비관적이어야 하는가? 그러나 우리가 직면한 더욱
더 직접적인 핵과 생태적 문제들이 우리의 사멸에 더 큰 위협일
것이라고 응답할 수 있을 것이다.

신학적 전망으로부터 몇 가지 쟁점들이 일어난다. 이런 형태
의 시나리오가 어쨌든 종말론적 실현을 구성하는지 아닌지 의심
스럽다. 그것은 그 안에서 이리가 어린 양과 함께 살며, 어린 아
이가 그들을 이끄는 창조의 구속된 공동체에 대한 이사야의 이미

지로부터 먼 길이다 (사 11). 종말론적 공동체의 성서적 이미지들은 구속된 삶을 사회적이고 구체화된 것으로 해석한다. 인격은 정보 처리 소프트웨어의 정신으로 격하되지 않아야 한다. 본질적 자아를 정보 운반자로 해석함으로 우리를 독특하게 인간으로 만드는 너무나 많은 것을 상실한다. 어떤 사건에서든, 티플러의 불멸성의 이론은 부활한 인격들이 더 이상 언젠가 살았던 사람들의 복사물들 이상이 아니라는 만만치 않은 철학적 비판에 직면한다. 복사물들로서 그들은 그렇게 완전하게 겨루는 저들과 동일화될 수 없다.

그러나 인공적 지성에 헌신적으로 증가하는 주의와 더불어, 우리는 정보 처리와 가상 현실의 종말론들을 산출하려는 더 이상의 시도들이 있을 것을 의심한다. 이것은 인격이 된다는 것이 무엇을 의미하는가 하는 문제에 대해 더 큰 주의를 기울이게 한다. 이와 연관하여 퍼거스 커(Fergus Kerr)는 인공 지능의 '새로운 데카르트주의'라고 그가 부르는 것에 대해 적절한 경고를 하였다. 이것은 그 안에서 인간들이 그들의 지성적 본성이 육체 밖에서 그리고 공간과 시간의 정상적인 억제 너머에서 더 잘 기능한다고 상상하는 옛날이야기의 새로운 버전이다. "우리의 육신적인 본성을 떠나서 생각하려는 욕망이 우리의 문화 안에서 유혹적인 것만큼 항상 남아 있다."[34]

두 번째 문제는 창조론이 그것[우주]의 최초의 상태와 배타적으로 연관된 것과는 달리, 신학적 종말론은 우리의 물리적 우주의 최종적 상태와 배타적으로 연관되지 않았다는 것이다. 종말론은 어디에서나 어느 때나 살았던 모든 생명을 결정한다. 그것은 세계의 마지막에 현존하는 자들뿐만 아니라 모든 하나님의 피조물들과 연루된다. 이것은 마지막 날에 무덤이 열리고 죽은 자가 깨어나는 묵시록적 이미지들에 의해 전통적으로 표현되었다. 창조의 운명은 그 안에 모든 살았던 자들이 사로잡히는 것이다.

티플러에 의해서 마음에 그려진 오메가 포인트는 그 안에서 모든 정보가 재생산되는 어떤 것이지만, 그러나 이것은 앞으로 수십억 년 동안 지금 여기에 있는 우리를 활기 띠게 할 것 같은 희망이라고 하기 어렵다. 오히려 으스스한 물리적 종말론의 과학소설 세계는 지성적 생명의 장기 미래에 확신을 일으키기 위해 계획된 것이 아니다. 그러므로 폴킹혼이 이렇게 말하는 것을 알게 되는 것이 놀랍지도 않다. "나는 물리적 종말론이 단지 진화론적 낙관주의의 궁극적인 불합리로의 축소(reductio ad absurdum)를 우리에게 제시하는 것으로 간주한다."[35] 우리는 그 안에 우리가 이미 공유하는 실재로서의 성도의 교제에 대한 신앙고백에, 그리고 지상에 있는 교회와 천상에 있는 교회 사이의 연합을 위한 감사 기도에 표현된 희망으로부터 먼 길을 왔다.

종말론과 진화의 관계의 윤곽을 그리는 것 역시 중요하다. 생명의 종말에 관한 기독교의 확신들은 우주 안에서 생명의 진화의 최종 상태에 관한 예상들에 기초하지 않는다. 이것이 도중에서 희생을 당하는 모든 자들을 수반한다는 어려움들은 제쳐 놓고, 우주적 규모에서 어떠한 단일한 목적론을 식별하기는 어렵다. 그러므로 하나님이 우주의 역사를 통하여 나타났다가 사라진 실재들, 사건들 및 과정들에 대한 하나님의 재창조와 재배열과 연관된 종말론을 생각하는 것이 보다 더 적합하다. 이 본질적인 하나님

의 사역은 그러므로 그들 자신의 어리석음 또는 피할 수 없는 우
주적 과정들을 통하여 사멸의 전망을 직면하고 있는 인간과 마찬
가지로 이미 사멸한 종들을 포함할 수 있을 것이다. 그러므로 케
이스 워드(Keith Ward)는 "인간과 마찬가지로 동물들의 불멸성은
어떤 수용 가능한 신정론이든지 필연적인 조건이다."[36]

✍ 성서적 종말론

광의의 성서적 종말론은 예언적이고 묵시문학적인 기대들에
의해서 지배된다. 예언적 기대의 많은 부분은 이스라엘의 역사와
세계사의 미래를 지향한다. 그것은 인간의 복종의 응답을 요청하
는 하나님의 은총 위에 기초한 국가의 운명들의 향상을 약속하는
것을 망설인다. 그러나 묵시문학에서는, 창조의 최종적인 완수는
세계사의 흐름으로 하나님의 침입에 의존하는 것으로 보여진다.
그러므로 더욱 더 철저한 불연속성이 현재 시간과 미래 시대 사
이에 있다. 후자(묵시문학)의 약속은 주권적인 하나님의 행동에
의존한다. 현재로부터 약속된 미래로의 자연적인 진화적 진보는
없다.

예언적 기대와 묵시문학적 희망 사이의 이 긴장은 신약성서와
기독교 전승 안에서 해결되었다. 예수의 가르침 안에서 사람들은
종말론적인 중요성이 있는 결단과 대면하였다. "때가 찼고 하나
님의 나라가 가까이 왔으니 회개하고 복음을 믿으라" (막 1:15).
여기에서 이미 침입하고 있는 미래의 덕분으로 현재는 결정적인

중요성을 가지게 되었다. 죽은 자 가운데서 예수의 부활, 그리고 성령을 통한 교회 안에서 그의 현존은 그 종말론적 중요성과의 연관에서 이해되어야 한다. 부활은 일반적인 죽은 자의 부활의 표징이요 보증이다; 성령 안에서의 그리스도인의 삶은 이미 오고 있는 왕국의 첫 열매이다. 성령 안에 있는 이 삶은 지금 여기에서 교회의 예배, 친교 및 증언으로 보여진다. 그러나 그것은 기도하고 기대하는 더 큰 미래에 대한 필연적인 연관을 지지한다. "두려워하지 말라. 나는 처음이요 마지막이니, 곧 살아 있는 자라. 내가 전에 죽었었노라. 볼지어다 이제 세세토록 살아 있어 사망과 음부의 열쇠를 가졌노니" (계 1:17~18).

그리스도의 두 번째 오심의 이미지는 다른 이가 아니라 세계의 창조 안에 그리고 그리스도의 삶과 죽음과 부활 안에 이미 계셨던 그 하나님이 마지막에 우리를 위하여 계실 것을 의미한다. 세계의 심판자는 다른 이가 아니라 그 구원자일 것이다. 창조의 마지막은 그것의 시작이 그랬던 것처럼 그리스도가 만드신다. 그는 그에 의해서 그리고 그를 위해서 모든 것들이 창조된 분이시다. 이와 연관하여, 재림론은 세계의 조기 종료에 대한 1세기의 희망이 박살난 이후에 쓸모없어진 별난 신화의 조각으로 단순히 폐기될 수 없다. 왜냐하면 그것의 창조와 구속의 교리들의 종말론적이고 기독론적인 방향 정립 때문에 그것은 기독교 교리에서 불가결하다. 만약 창조가 그 기초로부터 성취까지 예수 그리스도 위에 중심이 잡혀있다면, 우리는 하나님이 시간의 마지막에 그리스도의 형상 안에 계시될 것으로 기대해야 한다.[37] 구름을 타고 오심에 대한 비문자적인 해석이 이 중심적 주장을 모호하게 되도록 허락하지 말아야 한다.

하나님에 의해서 이미 창조된 새 세계는 다른 세계가 아니라 옛 세계가 새로워진 것이다. 이런 관련에서 지금 숨겨진 주권과 온전하게 계시될 주권 사이에는 연속성도 있고 불연속성도 있다. 종말론적인 왕국은 에덴동산으로 되돌아가는 것이 아니라, 거룩한 도시(Holy City), 즉 문화, 사회 및 구체화된 삶의 장소이다. 더 나아가서, 그것은 단지 인간의 서식지가 아니라 전체 하나님의 창조의 갱신을 위한 장소이다. 즉 이것은 하나님의 능력을 우리가 과소평가해서는 안 된다는 관념이다. 철학자 브래들리(Francis H. Bradley)는 언젠가 말하기를 대부분의 사람들은 천국에 도착하면 천사들과 노래하기 전에 그들의 애완견을 먼저 찾을 것이라고 하였다.

최근의 생태여성학자의 글은 그것이 문제가 있다고 간주하는 두 가지 종말론의 모습에 주의를 환기시켰다. 하나의 주장은 이 세계와 다음 세계 사이에 인지된 불연속성은 이 세계의 생태 체계가 잠정적일 뿐이며, 그러므로 없어도 된다는 위험한 견해를 조장한다는 것이다. 이것은 타계적 관심들이 이념을 해체하는 것으로 기능한다는 마르크스주의적 주제의 변형이다. 그들은 다른 곳에 있는 더 나은 미래의 잘못된 위안에 의해서 현재를 개선하려는 최선의 노력을 서서히 약화시킨다. 기독교의 타계적인 종말론과 환경적 착취 사이의 연결이 상습적으로 이루어졌다. "기독교는 확실히 그 거룩한 책이 땅의 긴박한 황폐의 비전 안에 절정이 닥치는 우연한 문화가 아니라, 그것이 핵전쟁이든 온실 효과이든 아마겟돈을 가능하게 하는 기술과 정치를 발전시킨 문화이다."[38]

전통적인 종말론에 대한 이 비판과 연합한 것으로 교부적인 태도 안에서 전형적으로 발견된 힘의 관계를 조장하는 신적 주권의 개념 위에 근거를 두었다는 주장이었다. 이 비판은 기독교와 후기 기독교의 생태여성학의 형태들 안에서 찾을 수 있다. 그리하여 로즈매리 래드포드 류터(Rosemary Radford Ruether)는 묵시문학적 형상(imagery)은 공상과 도피주의 위에 기초하였다고 논증한다. 그것은 죽음을 피하고 그리하여 우리가 거주하는 생명 영역을 피하려고 애쓴다. 이것은 땅과 몸과 사멸성에 연결되지 않는 자로서 하나님 개념 위에 세워졌다.[39] 샐리 맥패이그(Sallie McFague)는 하나님의 모델들은 하나님의 존재에 대한 그들의 상응에 의해서 판단될 것이 아니라 현대 과학의 전망, 기독교 신앙의 해석, 우리의 구현된 경험과 지구의 안녕 및 그것의 생명 형태들로부터 그들의 적절성에 의해서 판단되어야 한다고 논증한다.[40] 세계의 몸으로서 하나님의 모델을 선호함으로, 그녀는 자신의 최근의 책 마지막 장에서 기독교의 희망은 오직 이 세계를 위한 것일 수 있다고 논증하는 것으로 보인다. 생태학적 이상은 단순히 현재의 문제들과 도전들에 맞붙기 위해 스스로 발견하는 장치이다. 미래의 비전은 하나의 목표로 그리고 이 세계를 개혁하는 데 지금 우리를 거들 수 있는 목표로 봉사한다. 그녀의 결론적인 반성들은 용감하지만 비관적이다. 그들은 절망에 지지 않는 태도를 가진 삶을 만날 필요에 대한 버트란트 럿셀의 말에 반향한다.

우리의 행성의 쇠퇴는 아마도 불가피할 것이다, 그래서 우리는 그것을 단지 받아들일 수 있을 것이다. 이 사태를 돌려놓을 수 있는 진정한 기회를 우리는 가지고 있는가? 이 모든 것은 아마도 참될 것이다. 알베르 까뮈(Albert Camus)의 동명의 소설에서 페스트와 싸우는 사람들은 페스트를 근절시키거나 스스로 그것으로부터 도피하기를 기대하지 않았다. 그들은 비록 그들이 살았지만 오직 다르게 살기로 결단하였다. 마치 그들이 그것을 가졌으나 삶이 문제가 있는 것처럼 살기로, 그들의 세계를 규정한 냉엄한 현실의 빛 안에서 성실하게 살기로 결단하였다. 아마도 그것 이상은 아무 것도 일어나지 않을 것이다.[41]

전통적인 신적 초월의 이미지들의 대치와 하나님의 현존의 범신론 모델들과의 종말론적 희망은 많은 후기 기독교 생태여성학에서 명백하다. 하나님 또는 여신의 이미지는 우리가 그 일부인 모든 것을 상징하는 것이다. 우리의 주의를 이 하나님과 여신의 전체 이미지로 환기함으로 우리는 모든 물질과 연결되어 있으며 또한 우리가 창조된 실재의 중심이요 주인들이라는 개념의 잘못을 깨우친다는 것을 우리에게 생각나게 한다. 그러므로 위카운동(Wicca movement) 때문에 교회를 버린 캐롤 크라이스트(Carol Christ)는 우리의 존재는 지구, 하늘, 그리고 모든 다른 생명의 형태들을 포함하는 전체의 일부라고 말한다. 우리가 그것의 일부인 신성은 우리가 매일 경험하는 생명, 죽음 및 변화이다.[42]

우리는 여기에서 현대 기독교 신학에서 가장 중요한 잘못된 노선이 될 수 있는 것을 본다. 하나님의 주권, 초월, 행동 및 종말론의 전통적 이미지들이 우리의 충성을 해방하고, 권한을 주고 그리고 명령하는가? 아니면 이 이미지들이 오늘날의 쟁점들과 도전들에 대해서 우리를 압제하고, 비인간화시키고, 유치하게 하고,

둔감하게 하는가? 이것에 밀접하게 관계된 것은 더 광범위한 질문으로, 세계의 물질과 정신을 넘어서는 하나님의 존재론적 독립성, 창조와 구속에서의 하나님의 행동, 그리고 부활의 희망과 영속적인 생명 등을 전통적으로 포함하는 신학적 실재론의 중심적 주제들을 우리가 보유할 수 있는가 없는가 하는 것이다.

나는 창조론 안에 함께 서거나 넘어지는 관념의 별자리가 있다는 것을 논증하려고 노력하였다. 이것들은 구약성서 안에 표현된 것과 같이 하나님의 주권, 무로부터의 창조론, 계약과 성육신 안에 창조자의 계시하심, 그리고 종말론적 실재 안에 창조자의 의도의 성취 등을 포함한다. 동시에, 나는 이 관념들의 현대석 해설은 현대 우주론, 진화 생물학 및 비인간 창조의 중요성에 지속적인 주의를 주는 자들과의 대화를 통한 어떤 재조절을 포함해야 한다는 것을 보여 주기 위해서 노력했다. 그러나 나는 창조의 우연성, 가치 및 아름다움에 대한 관심은 어디에서나 주권적인 창조자와 성육신하신 구주에 대한 신앙과 결합할 수 있다는 것을 보여 주려고 시도하였다.

와야 하는 세계에 대한 희망과 연결된 초월적인 창조자와 구속자에 대한 신앙은 지금 여기에서의 창조에 대한 활동적인 관심으로부터 우리를 막는 해산하는 개념들이 될 필요는 없다. 이것은 그 어떤 다른 이념만큼 효과적으로 권한을 부여하고 해방시킬 것이다. 교회의 성자들과 순교자들의 실례가 이것에 대한 증언을 담지한다.

〈과정에 대한 믿음〉(The Belief in Progress)에서 존 베일리(John Baillie)는 언젠가 역사는 그 안에서 그리고 그 위에서 하나님의 행동 덕분에 최종적인 의미를 가질 수 있다고 논증하였다. 이 신적 행동은 이스라엘과 예수의 역사 안에 하나의 중심을 가진다. 그리고 그것은 '그들의 생명들이 저 중심에 대한 긍정적인 관계에 의해서 결정되는'[43] 모든 자들에게로 연장된다. 기독교 신앙은 예언적 가능성과 묵시문학적 가능성 사이의 긴장 안에 지속적으로 붙잡힌다. 한편에서는, 그리스도의 부활과 성령의 강림과 더불어 새로운 삶의 방식이 가능하게 되었다는 신앙에 의해서 그것은 살아 있다. 다른 한편에서는, 창조는 역사의 전진 운동에 의해서는 안 되고 오직 저 역사가 다른 왕국에 양도될 때만이 완화될 수 있는 질병들에 의해서 괴롭힘을 당하고 있다. 그리스도인의 삶의 역동성이 발견될 수 있는 곳은 이 긴장 안에서이다. 그러므로 그는 라인홀드 니이버(Reinhold Niebuhr)의 통찰들 위에 그려진 그림을 이렇게 쓴다.

> 기독교는 비록 결코 평형 상태(equipoise)를 이루지 못할지라도, 언제나 실현된 종말론과 미래적 종말론 사이의 균형을 유지해야 한다. 후자를 무시하면 그것은 우리의 계속되는 전쟁의 비극적 현실에 눈을 감게 되거나 아니면 지상적 장면으로부터 그들의 사라짐의 가능성의 유토피아적인 환상들을 품게 될 것이다. 그러나 전자를 무시하게 되면, 그것은 은혜의 해의 특수한 성격, 약속들과 기회들을 이해하는 데 실패할 것이다.[44]

종말론의 실현된 측면들과 미래적 측면들은 상호 의존적이며, 그리고 이것은 종말론을 기력을 빼앗고 쇠약하게 하는 것으로 보는 자들에게 하나의 응답을 제공한다. 미래의 전망은 이미 현재 안에 예기되었으며, 그러므로 후자[현재]는 희망, 에너지 및 기대로 충전되었다. 저 전망이 없으면 현재는 의심, 걱정들 및 확신의 상실로 쇠말뚝을 박는다. 창조에 대한 희망은 천지를 만드신 하나님, 성육신하신 말씀이신 예수 그리스도, 그리고 생명과 사랑의 성령에 대한 희망과 불가분하게 연결되어 있다.

주석

제1장 성서에 나타난 창조

1) 역자 주: 이슬람교의 우주론적 신존재논증. Kalam Alla는 신의 말씀이라는 뜻인데, 여기에서 따온 용어로서 Kalam은 이슬람의 경전인 코란을 가리킨다. William Lane Craig, *The Kalam Cosmological Argument* (1979). William Lane Craig, *A Swift and Simple Refutation on the Kalam Argument?* (1999). Paul Copan and William Lane Craig, *Creation out of Nothing: A Biblical, Philosophical, and Scientific Exploration* (2004), 6~8장 등을 참조하라. Wikipedia 참조.

2) Gerhard von Rad, *Genesis*, London, SCM, 1961, 44. 폰 라드의 접근은 H. H. Schmid에 의해서 분석되었다. 'Creation, righteousness and salvation,' in Bernhard Anderson (ed.), *Creation in the Old Testament*, London, SPCK, 1984, 102~17.

3) Cf. Schmid, "Creation, righteousness and salvation."

4) Schmid, "Creation, righteousness and salvation," 105.

5) R. Pettazzoni는 Claus Westermann, *Genesis: An Introduction*, Minneapolis, Augsburg Fortress, 1992, 20에 의해서 인용되었다. 다른 창조 이야기들과 함께 창세기에 대한 최근의 분석은 Ellen Van Wolde, *Stories of the Beginning*, London. SCM, 1996을 보라.

6) 나는 여기서 버나드 앤더슨의 강해를 따른다. Bernhard Anderson, *From Creation to New Creation*, Minneapolis, Augsburg Fortress, 1994, 24.

7) Angela Tilby, *Science and the Soul*, London, SPCK, 1992, 98.

8) Westermann, *Genesis: An Introduction*, 26ff.

9) Anderson, *From Creation to New Creation*, 44.

10) Brevard Childs, *Biblical Theology of the Old and New Testaments*, London, SCM, 1992, 386.

11) Cf. Childs, *Biblical Theology*, 407~8.

12) *New Jerome Bible Commentary*, London, Geoffrey Chapman, 1992, 4~5.

13) "창세기 1~11장의 시간적 요소들에 대해 탐구하는 것은 기껏해야 틀림 없을 것 같기(probable)보다는 그럴 듯할(plausible) 뿐이며, 그리고 순환논증을 포함한다. 이것은 창세기 1~11장의 여러 부분들의 시기를 탐구하려는 노력이 틀렸다고 말하려는 것이 아니다. 마치 우리가 언젠가 시기와 배경을 배당하였다고 말해야 되는 것을 우리 모두가 알았던 것처럼, 우리가 본문을 피상적으로 읽도록 만들려고 시도하는 것을 우리에게 허락해서는 안 된다는 것이다. 비록 우리가 시기와 배경을 확신할 수 있다고 해도 우리는 여전히 다음의 질문들을 고려해야 한다: 전체 안에서 이야기들은 어떻게 기능한가? 그리고 어떤 흥미가 독자인 우리들을 창세기 1~11장의 해석으로 데리고 오는가?" John Rogerson, *Genesis 1~11*, Sheffield, Sheffield Academic Press, 1991, 77.

14) Hugh Miller, *The Testimony of the Rockes*, London, 1857, 2장. 19세기 기독교의 현대 과학 수용에 대한 토론을 위해서 Owen Chadwick, *The Victorian Church*, Part I, London, A. & C. Black, 1966, 558~68을 보라; Andrew L. Drummond and James Bullock, *The Church in Victorian Scotland 1845~1874*, Edinburgh, St Andrew Press, 1975, 215~39.

15) Augustine, *Confession*, Book XII, xiii. 교회사에서 창세기 1장의 해석에 대한 토론을 위해서 Stanley L. Jaki, *Genesis 1 Through the Ages*, London, Thomas More Press, 1992를 보라. Jaki의 논문은 교회사에서 많은 경우 창세기 1장의 해석이 그 세부 사항을 널리 퍼져 있는 과학적 지혜와 조화하려는 오도된 시도를 통하여 왜곡되었다는 것이다.

16) Augustine, *City of God*, Book XI, 6장.

17) Russell Stannard, *Science and Wonders: Conversation about Science and Belief*, London, Faber & Faber, 1996, xiii-xiv.

18) Scottish Office, *Curriculum and Assessment in Scotland, National Guidelines: Religion and Moral Education 5—15*, Edinburgh, Scottish Office Edu-

cation Department, 1992, 24.

19) Brevard Childs, *Introduction to the Old Testament as Scripture*, Philadelphia, Fortress, 1979, 150.

20) 이 논증은 Ted Peters의 *Cosmos as Creation*, Nashville, Abingdon Press, 1989, 45~114에서 발전되었다.

21) 보존에 관한 토론은 Wolfhart Pannenberg, *Systematic Theology*, vol. II, Edinburgh, T. & T. Clark, 1994, 35를 참조하라.

22) Philo, *De Opificio Mundi*, trans. in *The Works of Philo*, Peabody, Mass., Hendrikson, 1993, XXXIII(69), 10. 나는 여기서 프랜시스 왓슨(Fransis Watson)의 *Text and Truth: Redefining Biblical Theology*, Edinburgh, T. & T. Clark, 1997, 277ff.에 빚졌다.

23) Cf. Anderson, *From Creation to New Creation*, 14f.

24) *Genesis*, 58.

25) Lynn White, "The historical roots of our ecological crisis," *Science*, 155 (1967), 1203~7.

26) *Genesis*, 58.

27) Anderson, *From Creation to New Creation*, 130.

28) 이것은 더글러스 존 홀이 인상적으로 정교하게 만들었다. Douglas John Hall, *Imaging God: Dominion as Stewardship*, Grand Rapids, Eerdmans, 1986.

29) Cf. Daniel Migliore, *Faith Seeking Understanding*, Grand Rapids, Eerdmans, 1991, 82ff.

30) 나는 여기에서 Rogerson, *Genesis 1~11*, 19ff.에 크게 의존하고 있다.

31) Cf. Rogerson, *Genesis 1~11*, 19ff.

32) Ruth Page, "Theology and the ecological crisis," Theology, 99 (1996), 111. 이것은 그녀의 최근의 연구에서 더욱 발전되었다. *God and the Web of Creation*, London, SCM, 1996, 제3부.

33) 나는 John Pick가 한 설명을 따른다. John Pick, *Gerard Manley Hopkins, Priest and Poet*, Oxford University Press, 1942, 31ff.

34) Walter Brueggemann, *Genesis*, Atlanta, John Knox, 1982, 36.

35) Cf. Childs, *Biblical Theology*, 391.

36) Cf. Childs, *Biblical Theology*, 391.

37) George MacLeod, *The Whole Earth Shall Cry Glory*, Iona, Wild Goose
    Publication, 1985, 8.

38) "God's Grandeur," *The Poems of Gerard Manley Hopkins*, eds. W. H.
    Gardner and N. H. MacKenzie, London, Oxford University Press, 1967,
    66. 이 시의 원문은 다음과 같다.

> The world is charged with the grandeur of God.
> It will flame out, like shining from shook foil;
> It gathers to a greatness, like the ooze of oil
> Crushed. Why do men then now not reck his rod?

39) Cf. James Finn Cotter, *Inscape: The Christology and Poetry of Gerard
    Manley Hopkins*, Pittsburgh, University of Pittsburgh Press, 1972, 167ff.

40) John Goldingay가 *Theological Diversity and the Authority of the Old
    Testament*, Grand Rapids, Eerdmans, 1987, 200~39에서 토론한 것에 빛
    지고 있다.

41) Cf. William Johnstone, "'The fear of the Lord is the beginning of wis-
    dom': The biblical warrant for a university and much else besides," in
    Alan Main (ed.), *But Where Shall Wisdom Be Found?*, Aberdeen, Aber-
    deen University Press, 1995, 27.

42) Karl Barth, *Church Dogmatics* III/1, Edinburgh, T. & T. Clark, 1958, 55.

43) *Church Dogmatics* III/1, 46.

44) Ibid., 364.

45) Dietrich Bonhoeffer, *Letters and Papers from Prison*, London, SCM, 1953,
    286.

제2장　창조와 우주론

1) Cf. Christopher Stead, *Philosophy in Christian Antiquity*, Cambridge, Cam-
   bridge University Press, 1994, 67f.

2) Jostein Gaarder, *Sophie's World*, London, Phoenix House, 1995, 27.

3) *Timaeus*, 29D, 30A. 야로슬라브 펠리칸은 창세기 1~2장의 70인역 자체
는 〈티마에우스〉의 영향을 받았다고 논증하였다.

4) *First Apology* 59, *Ante-Nicene Fathers*, I, Grand Rapids, Eerdmans, 1981,
183.

5) Richard Sorabji, T*ime, Creation and the Continuum*, London, Duckworth,
1983, 232ff.

6) Aristotle, *Phisics*, I, 7~8.

7) Gerhard May, *Creation out of Nothing*, Edinburgh, T. & T. Clark, 1994,
156ff.

8) S*umma Contra Gentiles*, London, Burns, Oates & Washbourne, 1923,
2.38, 84~85. 〈신학대전〉(Summa Theologiae)에서의 확장된 토론은
1ae.46을 참조하라.

9) May, *Creation out of Nothing*, 177~78.

10) Jürgen Moltmann, *God in Creation*, London, SCM, 1985, 88.

11) Tertullian, *Against Hermogenes*, 15, *Ante-Nicene fathers*, III, Grand
Rapids, Eerdmans, 1951. 485.

12) Cf. Norbert M. Samuelson, *Judaism and the Doctrine of Creation*, Cam-
bridge, Cambridge University Press, 1994, 133. 헤이만(A. P. Hayman)은
무로부터의 창조에 대한 유대교의 반성은 이슬람과 기독교 안에서의
발전에 대한 응답이었다고 암시하였다. "The doctrine of creation in Sefer
Yesira: some text-critical problems," in Gabrielle Sed-Rajna (ed.), *Rashi
1040~1990: Hommage à Ephraim E. Urbach*, Paris-Troyes, Congrès eu-
ropéen des Etudes juives, 1990, 219~27.

13) Cf. Jacob Agus, *The Evolution of Jewish Thought*, New York, Abelard
Schuman, 1959, 187. 하나님-세계 관계에 대한 유사한 논증들을 Alon
Goshen-Gottschein이 입증했다, "Creation," in A. A. Cohen and P. R.
Mendes-Flohr (eds.), *Contemporary Jewish Religious Thought*, New
York, Scribner's, 1987, 114~18.

14) Thomas J. O'Shaughnessy, *Creation and the Teaching of the Qur'an,
Rome*, Biblical Institute Press, 1985, 4.

15) 역자 주: 무슬림신화의 영 개념으로, 인간이나 동물의 모습을 가정할

수 있으며, 초자연적 능력에 의해서 인간에게 영향을 준다.

16) W. Montgomery Watt (ed.), *Islamic Creeds: A Selection*, Edinburgh, Edinburgh University Press, 1994, 76으로부터 인용함. 최근의 유대교, 기독교, 이슬람 및 힌두교에서 창조 개념의 비교 연구는 Keith Ward, *Religion and Creation*, Oxford, Clarendon, 1996을 보라.

17) Jaroslav Pelikan, *The Emergence of the Catholic Tradition*, Chicago, University of Chicago Press, 1971, 204.

18) 최근의 신학에서 이 결점을 수정하려는 다양한 시도가 행해졌다. Cf. Yves Congar, *I Believe in the Holy Spirit*, 3 vols., London, Geoffrey Chapman, 1983; Jürgen Moltmann, The Spirit of Life, London, SCM, 1992; Patrick Sherry, *Spirit and Beauty: An Introduction to Theological Aesthetics*, Oxford, Oxford University Press, 1992.

19) *De Spiritu Sancto*, XVI, 38, in *The Nicene and Post-Nicene Fathers*, Second Series, vol. VIII, Grand Rapids, Eerdmans, 1983, 23.

20) T. F. Torrance, *The Trinitarian Faith*, Edinburgh, T. & T. Clark, 1988, 76~100. 토랜스는 여기에서 칼 바르트를 따르고 있다. "그 안에서 하나님이 그분 자신 안에 홀로 계시지 아니하고 영원히 아들을 낳는 자이신 동일한 자유와 사랑 안에서 그는 영원히 성부의 낳은 자이신데, 그역시 절대적으로 그리고 외적으로 그분이 홀로가 아니라 자유 안에서 사랑하는 자가 되기 위해서 외적으로(*ad extra*) 창조자로 드러난다.... 성부와 성자 사이의, 또는 하나님과 그의 말씀 사이의 영원한 친교는 따라서 하나님과 그의 피조물 사이에 매우 다르지만 다르지 않은 친교 안에서 상응을 발견한다." Karl Barth, *Church Dogmatics* III/1, Edinburgh, T. & T. Clark, 1958, 50.

21) Paul Tillich, *Systematic Theology*, vol. 1, Chicago, University of Chicago Press, 1951, 253.

22) David Pailin, *God and the Process of Reality*, London, Routledge, 1989, 126.

23) Cf. D. W. D. Shaw, "Process thought and creation," *Theology* 78 (1975), 346~55.

24) John B. Cobb and David R. Griffin, *Process Theology*, Philadelphia, West-

minster Press, 1976, 65ff.

25) Moltmann, *God in Creation*, 79. 창조와 보존의 유사한 투쟁이 슐라이어마허(F. Schleiermacher) 안에 현존한다. 무로부터의 창조의 신인동성동형론적인 내포된 의미에 불편해 하면서, 슐라이어마허는 하나님께 대한 모든 것들의 절대적 의존의 표현이라는 데서 창조론의 종교적 함의를 인식한다. Friedrich Schleiermacher, *Christian Faith*, Edinburgh, T. & T. Clark, 1928, Section 41, 152ff.

26) Moltmann, *God in Creation*, 84~85.

27) Wolfhart Pannenberg, *Systematic Theology*, vol. II, Edinburgh, T. & T. Clark, 1994, 20ff.

28) Eberhard Jungel, *God as the Mystery of the World*, Edinburgh, T. & T. Clark, 1983, 384.

29) John Mcmurray, *Freedom in the Modern World*, London, Faber & Faber, 1932, 175ff.

30) 최근의 생태신학에 대한 유사한 비판이 브로니스라브 스제르진스키(Bronislaw Szerszynski)에 의해서 발전되었다. "The metaphysics of environmental concern: a critique of ecotheological antidualism," *Studies in Christian Ethics*, 6.2 (1993), 67~78. Cf. Gillian McCulloch, "An exploration of the deconstruction of dualism in theology," University of Aberdeen, Ph.D. thesis, 1996.

31) William Lane Craig, *The Cosmological Argument from Plato to Leibniz*, London, Macmillan, 1980에 있는 토론을 참조하라.

32) Richard Swinburne, *Is There a God?*, Oxford, Oxford University Press, 1996, 68.

33) Norman Malcolm, *Ludwig Wittgenstein: A Memoir*, London, Oxford University Press, 1958, 70.

34) *Sunday Times*, Books Section, 4 February 1996, 2~3.

35) 나는 럿셀 스테나드의 대중적인 강해를 따르고 있다. Russell Stannard, *Doing Away with God? Creation and the Big Bang*, London, Marshall Pickering, 1993, 1장.

36) Ian Barbour, "Religious responses to the big bang," in Clifford N. Mat-

thews and Roy Abraham Varghese (eds.), *Cosmic Beginnings and Human Ends*, Chicago, Open Court, 1995, 381.

37) 스티븐 호킹, 레오나드 믈로디노프, 〈짧고 쉽게 쓴 시간의 역사〉 (까치, 2006).

38) Angela Tilby, *Science and the Soul*, London, SPCK, 1992, 109.

39) Stephen Hawking, *A Brief History of Time*, London, Bantam, 1988, 156~57.

40) 나는 이것을 다음에서 빌려왔다. Ted Peters (ed.), *Cosmos as Creation: Theology and Science in Consonance*, Nashville, Abingdon, 1989, 54.

41) Stephen Hawking, *Black Holes and Baby Universes*, London, Bantam, 1993, 90. 창세기의 창조 설명에 연관된 호킹의 입장에 대한 비판적인 토론에 대해서는 Michael Welker, "Creation: big bang or the work of seven days?," *Theology Today*, 52 (1995/6), 173~87을 보라.

42) E. g. Stannard, *Doing Away with God*, 42ff; Keith Ward, *God, Chance and Necessity*, Oxford, Oneworld, 1996, 16.

43) Eric L. Mascall, *Christian Theology and Natural Science*, London, Longmans, Green & Co, 1956, 135. 그러나 이 점은 만약에 과정신학에서와 같이 하나님과 세계가 영원히 공존하게 되지 않으면 무시간적인 하나님과 영존하는 세계 사이의 대조에 의존한다.

44) Peters, *Cosmos as Creation*, 59.

45) David Kelsey에 의해서 인용되었다. "The doctrine of creation out of nothing," in E. McMullin (ed.), *Evolution and Creation*, Indiana, Notre Dame Press, 1985, 190.

46) 상상적인 시간, 중력에 대한 양자이론, 시간의 공간화 등에 대한 호킹의 논리 정연한 논평을 위해서는 William Lane Craig, "'What place, then, for a creator?' Hawking on God and creation," in *Theism, Atheism and Big Bang Cosmology*, Oxford, Clarendon, 1993, 279~300을 보라.

47) "The temporality of God," in Robert John Russell, Nancey Murphy and C. J. Ishamm (eds.), *Quantum Cosmology and the Laws of Nature*, Vatican Observatory Foundation, 1993, 246.

48) *Confessions*, 13. 12ff.

49) 루카스의 입장은 *The Future: An Essay on God, Temporality and Truth*, Oxford, Blackwell, 1989에서 발전되었다. 이 이상의 토론을 위해서는 다음을 보라. Nelson Pike, *God and Timelessness*, New York, Schocken Books, 1970; Keith Ward, *Rational Theology and the Creativity of God*, Oxford, Blackwell, 1982.

제3장 창조와 진화

1) Annie Dillard, *Pilgrim at Tinker Creek*, London, Picador, 1976, 125.

2) John Brockman (ed.), *The Third Culture*, New York, Simon & Schuster, 1995.

3) 이 관계는 존 헤들리 브루크에 의해서 조심스럽게 주장되었다. John Hedley Brooke, *Science and Religion*, Cambridge, Cambridge University Press, 1991.

4) Charles Darwin, *Origin of Species*, Cambridge, Mass, Harvard University Press, 1964, 471ff.; Brooke, *Science and Religion*, 275ff. 안에 있는 토론을 참조하라.

5) Richard Dawkins, *The Blind Watchmaker*, Harmondsworth, Penguin, 1988, 40.

6) Cf. Brooke, *Science and Religion*, 281f.

7) Cf. David Rosevear, *Creation Science*, Chichester, New Wine Press, 1991, 158.

8) Eileen Barker, "Scientific creationism," in John Durant (ed.), *Darwinism and Divinity: Essays on Evolution and Religious Belief*, Oxford, Blackwell, 1985, 193.

9) George M. Marsden, "A case of the excluded middle," in Bella and Greenspahn (eds.), *Uncivil Religion*, New York, Crossroad, 1987, 135. Hal Lindsey의 *The Late Great Planet Earth*는 1970년대 미국에서 베스트셀러였다.

10) Marsden, "Excluded Middle," 139.

11) "Excluded Middle," 140.

12) 표준적인 창조주의자에 가장 가까운 본문은 Henry Morris, *Scientific Creationism*, San Diego, Creation Life Publishers, 1974. 또한 대단히 영향력이 있는 것으로는 Daniel Gish, *Evolution: The Fossils Say NO!*, San Diego, Creation Life Publishers, 1978.

13) 어셔에 의하면 정확한 창조일은 BC 4004년 10월 26일 오전 9시였다.

14) Morris, *Scientific Creationism*, 38.

15) 철학적 비판을 위해서 Michael Ruse, *Darwinism Defended*, Reading, Mass, Addison & Wesley, 1981을 보라.

16) Michael R. Johnson, *Genesis, Geology and Catastrophism*, Exeter, Paternoster, 1988, 40.

17) Johnson, *Genesis, Geology and Catastrophism*, 33.

18) Morris, *Scientific Creationism*, 117.

19) 창조주의에 대한 과학적으로 알려진 응답에 대해서는 Laurie R. Godfrey (ed.), *Scientists Confront Creationism*, London, Norton & Co., 1984.

20) E. g. Langdon Gilkey, "Creationism: the roots of the conflict," in R. M. Frye (ed.), *Is God a Creationist?*, New York, Scribner's, 1983, 56~67.

21) 현재의 진화론자들 사이의 불일치는 Brockman, *Third Culture*에 기고된 글들에서 분명하다. 현재의 [진화론적] 사고의 어려움들 또한 Phillip E. Johnston, *Darwin on Trial*, Downers Grove, IVP, 1991에 의해서 설명되었다.

22) Niles Eldridge and Stephen Jay Gould, "Punctuated equilibrium: an alternative to phyletic gradualism," in T. J. M. Schopf (ed.), *Models in Paleobiology*, San Francisco, Freeman, Cooper & Co., 1972, 82~115.

23) E. g. Hugh Montefiore, *The Probability of God*, London, SCM, 1995, 97ff.; Ward, *God, Chance and Necessity*, 61ff.

24) 나는 여기에서 A. R. Peacocke의 *Creation and the World of Science*, Oxford, Oxford University Press, 1979, 90ff.에 빚을 졌다. 그러나 피콕의 글들은 자연 과정들 안에 있는 결정론을 그것이 뒤따르면서 채택된 것보다 더 낙관적으로 수용하기를 제안한다.

25) Jacques Monod, *Chance and Necessity*, New York, Vintage Books, 1972, 44.

26) Monod, *Chance and Necessity*, 180.

27) *Blind Watchmaker*, 316~18.

28) 도킨스에 대한 이런 유형의 응답은 리처드 스윈번에 의해서 발전되었
    다. *Is There A God?*, Oxford, Oxford University Press, 1996, 58ff.

29) Cf. Hugh Montefiore, *Reclaiming the High Ground*, London, Macmillan,
    1990, 88.

30) Freeman Dyson, *Disturbing the Universe*, New York, Harper & Row,
    1979, 250. Ian G. Barbour, *Religion in an Age of Science*, London, SCM,
    1990, 136에서 재인용됨.

31) 그러므로 폴킹혼은 우주의 부수적인 결과는 설명을 요하는 흥미로운
    사실이라고 결론을 내린다. John Polkinghorne, *Scientists as Theolo-
    gians*, London, SPCK, 1996, 52.

32) 다중우주가설에 대한 비판에 대해서는 John Leslie, *Universes*, London,
    Routledge, 1989, 66~103을 보라.

33) Cf. Peacocke, *Creation and the World of Science*, 116~17.

34) David Bartholomew, *God of Chance*, London, SCM, 1984.

35) 내가 따르는 많은 부분이 바버로부터 온 것이다. Barbour, *Religion in
    an Age of Science*.

36) 이것은 예컨대 아더 피콕에 의해서 논증된다. Arthur Peacocke, *God
    and Science: A Quest for Christian Credibility*, London, SCM, 1996, 16;
    and J. R. Lucas, *The Future: An Essay on God*, Temporality and Truth,
    Oxford, Blackwell, 1989, 209ff.

37) 과학-종교 논쟁에서 현재 사용가능한 주요 선택들에 대한 가치 있는
    개관을 위해서 Niels Henrik Gregersen, "Three types of indeterminacy.
    On the difference between God's action in creation and in providence,"
    in Niels H. Gregersen, Michael W. S. Parsons and Christoph Wasser-
    mann (eds.), *The Concept of Nature in Science and Theology*, Part I,
    Geneva, Labor et Fides, 근간, 165~84를 보라.

38) John Polkinghorne, *Quarks, Chaos and Christianity*, London, Triangle,
    1994, 43.

39) 카오스이론의 토론과 그 신학적 적용들에 대해서는 Robert John Russell,

Nancey Murphy and Arthur R. Peacocke (eds.), *Chaos and Complexity*, Vatican Observatory Publications & Center for Theology and the Natural Science, Berkeley, 1995.

40) 이 접근에 대한 존 폴킹혼의 가장 최근의 해설은 "Chaos theory and divine action," in W. Mark Richardson and Wesley J. Wildman (eds.), *Religion and Science: History, Method, Dialogue*, London, Routledge, 1996, 243~52 및 "The Metaphysics of Divine Action," in Russell et al., *Chaos and Complexity*, 147~56에서 찾을 수 있다.

41) 이 주제들은 모두 존 폴킹혼의 *Science and Providence*, London, SPCK, 1989에서 조사되었다.

42) 보존론의 이 측면은 Hendricus Berkhof, *Christian Faith*, Grand Rapids, Eerdmans, 1973, 210ff.에서 발전되었다.

43) 자연신학과 자연의 신학 사이의 구별은 콜린 건톤에 의해서 제시되었다. Colin Gunton, *A Brief Theology of Revelation*, Edinburgh, T. & T. Clark, 1995, 40~63.

44) 이 길에서 과학과 신학을 통합하려는 움직이는 시도를 위해서 Ian Bradley, *The Power of Sacrifice*, London, Darton, Longman & Todd, 1994를 보라.

45) [이 시는 1875년 "독일호"가 영국 해안에서 침몰하여 다섯 명의 독일 수녀들이 익사한 사고를 보고 지은 장문의 시이다.]

> I admire thee, master of the tides,
> Of the Yore-flood, of the year's fall;
> The recurb and the recovery of the gulf's sides,
> The girth of it and the wharf of it and the wall;
> Stanching, quenching ocean of a motionable mind;
> Ground of being, and granite of it: past all
> Grasp God, throned behind
> Death with a sovereignty that heeds but hides, bodes but abides;
>
> With a mercy that outrides
> The all of water, an ark
> For the listener; for the lingerer with a love glides

Lower than death and the dark;

A vein for the visiting of the past-prayer, pent in prison,

the-last-breath penitent spirits–the uttermost mark

Our passion-plunged giant risen,

The Christ of the Father compassionate, fetched in the storm

of his strides.

46) *Summa Theologiae* 2a2ae, Q64, art 1. Cf. Andrew Linzey, *Animal Theology*, London, SCM, 1994, 12ff.

47) Keith Thomas, *Man and the Natural World: Changing Attitudes in England 1500~1800*, Harmondsworth, Penguin, 1984, 18~19.

48) Thomas, *Man and the Natural World*, 22, 그러나 크리스토퍼 카이저(Christopher Kaiser)는 자연의 비신령화와 기계화는 기독교 전통에 특유한 것이 아니라고 논증하였다. 성서적이고 교부적인 자료들은 이것이 나중에 창조론에 대한 타락이라고 제시한다. *Creation and the History of Science*, London, Marshall Pickering, 1991.

49) Thomas, *Man and the Natural World*, 33.

50) *Man and the Natural World*, 139.

51) Linzey, *Animal Theology*, 135.

52) Peter Singer, "All animals are equal," in Tom Regan and Peter Singer (eds.), *Animal Rights and Human Obligations*, Englewood Cliffs, Prentice Hall, 1989, 79.

53) Cf. Alan White, "Why animals cannot have rights," in Regan and Singer, *Animal Rights*, 119ff.

54) "A trinitarian theology of the 'chief end' of 'all flesh'," in Charles Pinches and Jay B. McDaniel (eds.), *Good News for Animals? Christian Approaches to Animal Well–Being*, Maryknoll, Orbis, 1993, 62~74.

55) 창조론에서 인간 중심적 경향성에 대한 계속된 공격에 대해서는 Ruth Page, *God and the Web of Creation*, London, SCM, 1996을 보라.

56) Pinches and McDaniel, *Good News For Animals?*, 251 안에 본문이 복사되었다.

57) Charles Birch, *A Purpose for Everything*, Connecticut, Twenty-Third Pub-

lications, 1990, 133.

58) 이것은 제임스 내쉬에 의해서 논증되었다. James Nash, *Loving Nature: Ecological Integrity and Christian Responsibility*, Nashville, Abingdon, 1991, 179ff.

59) 이것은 스티븐 클라크에 의해서 박력 있게 논증되었다. Stephen Clark, *How to Think about the Earth*, London, Mowbray, 1993, 106ff.

60) Barbour, *Religion in an Age of Science*, 147.

61) 나는 여기에서 Barbour, *Religion in an Age of Science*, 190의 토론에 빚졌다.

62) 이것은 필립 헤프너의 신학적인 맥락 안에서 발전되었다. Philip Hefner, *The Human Factor: Evolution, Culture and Religion*, Minneapolis, Fortress Press, 1993, 특히 23ff.

63) John Bowker, *Is God a Virus?*, London, SPCK, 1995, 41~42.

64) Gerd Theissen, *Biblical Faith: An Evolutionary Approach*, Philadelphia, Fortress, 1985, 112ff. Cf. Niels Gregersen, "Theology in a Neo Darwinian World," *Studia Theologica*, 48, 2 (1994), 146~47; Ward, *God, Chance and Necessity*, 167~89.

65) Jürgen Moltmann, *The Way of Jesus Christ*, London, SCM, 1990, 274ff.

제4장 창조, 악 그리고 생명의 끝

1) David Hume, *Dialogues Concerning Natural Religion*, ed. R. H. Popkin, Indianapolis, Hackett, 1980, Part X, 63.

2) Augustine, *City of God*, XXII, 22, London, Pelican Classics, 1972. 어거스틴의 악론의 이 측면에 대한 토론에 대해서 Elaine Paels, *Adam, Eve and the Serpent*, New York, Random House, 1988, 134ff.; G. R. Evans, *Augustine on Evil*, Cambridge, Cambridge University Press, 1982, 4장을 보라.

3) N. P. Williams, *The Ideas of the Fall and Original Sin*, London, Longmans, Green & Co, 1927, 215.

4) Cornelius Plantinga, *Not the Way It's Supposed to Be: A Breviary of Sin*, Grand Rapids, Eerdmans, 1995, 33.

5) Plantinga, *Not the Way It's Supposed to Be*, 37.

6) *Not the Way It's Supposed to Be*, 199.

7) John Polkinghorne, *Reason and Reality*, London, SPCK, 1991, 99.

8) 가장 훌륭한 신정론의 역사의 개요는 John Hick, *Evil and the God of Love*, New York, Harper & Row, 1966. 루스 페이지는 가장 전통적인 신정론들은 악의 문제를 예컨대, 동물의 고통이 신학적인 쟁점을 발생시키지 않는 것처럼, 오직 인간적인 관점에서만 본다는 중요한 점을 지적하였다. *God and the Web of Creation*, London, SCM, 1996, 94.

9) Richard Swinburne, *Is There God?*, Oxford, Oxford University Press, 1996, 110.

10) Plotinus, *Enneads*, III, 2, 11, London, Faber & Faber, 1969, 170.

11) Fyodor Dostoevsky, *The Brothers Karamazov*, London, Heinemann, 1912, Book V, Chapter 4, 248.

12) William Styron, *Sophie's Choice*, London, Corgi Books, 1980, 642.

13) 이 점들은 명백하게 Richard Bauckham, "Theodicy from Ivan Karamazov to Moltmann," *Modern Theology*, 4.1 (1987), 83~97 안에 설명되었다.

14) Emil Brunner, *The Christian Doctrine of Creation and Redemption*, London, Lutterworth, 1952, 20.

15) 이것은 진화론적 전망으로부터 존 폴킹혼에 의해서 발전되었다. John Polkinghorne, *Science and Christian Belief*, London, SPCK, 1994, 84~85.

16) Simone Weil, *First and Last Notebooks*, London, Oxford University Press, 1970, 120.

17) 이 점은 스티븐 데이비스가 편집한 심포지움에서 제기되었다. Stephen Davis, *Encountering Evil*, Edinburgh, T. & T. Clark, 1981. "하나님은 전적으로 주권적이고 전능하시다. 그러나 자발적으로 그의 능력을 그의 피조물들과 공유하신다" (127).

18) Cf. Robert Bernard Martin, *Gerard Manley Hopkins: A Very Private Life*, London, Harper Collins, 1991, 246.

19) 홉킨스의 시에서 이 신학의 측면은 폴 피데스에 의해서 평가되었다.

Paul Fiddes, *Freedom and Limit: A Dialogue Between Christian Literature and Doctrine*, London, Macmillan, 1991, 128ff.

20) Fiddes, *Freedom and Limit*, 143.

21) "저 본성은 헤라클레토스의 불이요 부활의 위안이다"(That Nature is a Heraclitean Fire and of the Comfort of the Resurrection), in W. H. Gardner and N. H. MacKenzie (eds.), *The Poems of Gerard Manley Hopkins*, London, Oxford University Press, 1967, 105~6.

> Enough! the Resurrection,
> A heart's clarion! Away grief's gasping, joyless days, dejection.
> Across my foundering deck shone
> A beacon, an eternal beam. Flesh fade, and mortal trash
> Fall to the residuary worm: world's wildfire, leave but ash:
> In a flash, at a trumpet crash,
> I am all at once what Christ is, since he was what I am, and
> This Jack, joke, poor potsherd, patch, matchwood,
> > immortal diamond,
> Is immortal diamond.

22) E.g. Paul Davies, *The Last Three Minutes*, London, Phoenix, 1994.

23) 폴킹혼의 비평을 참조하라, "이것은 왜 우리 가운데 많은 사람들이 떼이야르 드 샤르뎅의 글들의 어조가 궁극적으로 도움이 되지 않는지의 이유이다." Polkinghorne, *Science and Christian Belief*, 162.

24) "자유인의 예배"(A free man's worship) in *Why I am not a Christian*, New York, Simon & Schuster, 1957, 107. 이 점은 스티븐 와인버그(Steven Weinberg)에 의해서 반향되었다. "점점 더 우주는 이해할 수 있는 것처럼 보인다. 점점 더 그것은 또한 무목적적으로 보인다. 그러나 만약 연구의 열매에 위안이 없다면, 최소한 연구 그 자체에 어떤 위안이 있을 것이다....우주를 이해하기 위한 노력은 광대극의 수준 이상으로 인간의 삶을 끌어올리는 매우 드문 일들 중의 하나이며, 그리고 그것은 비극의 은총에 어떤 것을 준다." *The First Three Minutes*, 144; 아이언 바버에 의해서 인용됨, Ian G. Barbour, *Religion in an Age of Science*, London, SCM, 1990, 151.

25) "Theological Questions to Scientists," in A. R. Peacocke (ed.), *The Sciences and Theology in the Twentieth Century*, London, Oriel Press, 1981, 14~15.

26) 뒤따르는 것은 마크 윌리엄 워딩의 책 안에 있는 토론에 빚졌다. Mark William Worthing, *God, Creation and Contemporary Physics*, Minneapolis, Augsburg Fortress, 1996, 159~98.

27) Freeman Dyson, *Infinite in All Directions*, New York, Harper & Row, 1988, 97ff.

28) Dyson, *Infinite in All Directions*, 107.

29) Ibid., 111.

30) Frank Tipler, *The Physics of Immortality*, London, Macmillan, 1995, xv.

31) Tipler, *The Physics of Immortality*, 221ff.

32) Ibid., 218, 220.

33) Davies, *The Last Three Minutes*, 126.

34) Fergus Kerr, *Theology After Wittgenstein*, Oxford, blackwell, 1986, 186.

35) *Science and Christian Belief*, 165. reductio ad absurdum은 문자적으로는 불합리로의 축소인데, 그것의 불가피한 결과가 불합리할 것임을 보여줌으로 어떤 명제를 반증하는 방법이다.

36) Keith Ward, *Rational Theology and the Creativity of God*, Oxford, Blackwell, 1982, 202.

37) 이것은 Jürgen Moltmann의 *The Way of Jesus Christ*, London, SCM, 1990, 313ff에 상술되었다.

38) Catherine Keller, "Eschatology, ecology and a green ecumenacy," in Rebecca Chopp and Mark Lewis Taylor (eds.), *Reconstructing Christian Theology*, Minneapolis, Fortress, 1994, 341.

39) Rosemary Radford Ruether, *Gaia and God: An Ecofeminist Theology of Earth Healing*, London, SCM, 1993, 83.

40) Sallie McFague, *The Body of God: An Ecological Theology*, London, SCM, 1991, 152.

41) McFague, *The Body of God*, 208.

42) Carol Christ, "Rethinking theology and nature," in Irene Diamond and

Gloria Feman Orenstein (eds.), *Reweaving the World: The Emergence of Ecofeminism*, San Francico, Sierra Club Books, 1990, 65~66.
43) John Baillie, *The Belief in Progress*, Oxford, Oxford University Press, 1950, 189.
44) Baillie, Ibid., 207.

참고 도서

Anderson, Bernhard. *From Creation to New Creation.* Minneapolis, Augsburg Fortress, 1992.

Barbour, Ian. *Religion in an Age of Science.* London, SCM, 1990.

Barth, Karl. *Church Dogmatics* III/1. Edinburgh, T. & T. Clark, 1958.

Brooke, John Hedley. *Science and Religion.* Cambridge, Cambridge University Press, 1991.

Craig, William Lane. *The Cosmological Argument from Plato to Leibniz.* London, Macmillan, 1980.

_______ (ed.). *Theism, Atheism and Big Bang Cosmology.* Oxford, Clarendon, 1993.

Davis, Stephen (ed.). *Encountering Evil.* Edinburgh, T. & T. Clark, 1981.

Dawkins, Richard. *The Blind Watchmaker.* Harmondsworth, Penguin, 1988.

Frye R. M. (ed.). *Is God a Creationist?* New York, Scribner's, 1993.

Hall, Douglas J. *Imaging God: Dominion as Stewardship.* Grand Rapids, Eerdmans, 1986.

Hefner, Philip. *The Human Factor: Evolution, Culture and Religion.* Minneapolis, Fortress, 1993.

Hick, John. *Evil and the God of Love.* New York, Harper & Row, 1966.

Kaiser, Christopher. *Creation and the History of Science*. London, Marshall Pickering, 1991.

Linzey, Andrew. *Animal Theology*. London, SCM, 1994.

May, Gerhard. *Creation out of Nothing*. Edinburgh, T. & T. Clark, 1994.

McFague, Sallie. *The Body of God: An Ecological Theology*. London, SCM, 1993.

Moltmann, Jürgen. *God in Creation*. London, SCM, 1985.

———. *The Way of Jesus Christ*. London, SCM, 1990.

Nash, James. *Loving Nature: Ecological Integrity and Christian Responsibility*. Nashville, Abingdon, 1991.

Page, Ruth. *God and the Web of Creation*. London, SCM, 1996.

Pannenberg, Wolfhart. *Systematic Theology*. Vol. II. Edinburgh, T. & T. Clark, 1994.

Peacocke, A. R. *Creation and the World of Science*. Oxford, Oxford University Press, 1979.

Peters, Ted (ed.). *Cosmos as Creation*. Nashville, Abingdon, 1989.

Pinches, Charles, and McDaniel, Jay B. (eds.). *Good News for Animals? Christian Approaches to Animal Well-Being*. Maryknoll, Orbis, 1993.

Plantinga, Cornelius. *Not the Way It's Supposed to Be: A Breviary of Sin*. Grand Rapids, Eerdmans, 1995.

Polkinghorne, John. *Quarks, Chaos and Christianity*. London, Triangle, 1994.

———. *Science and Creation: The Search for Understanding*. London, SPCK, 1988.

Rogerson, John. *Genesis 1~11*. Sheffield, Sheffield Academic Press,

1991.

Ruether, Rosemary Radford. *Gaia and God: An Ecofeminist Theology of Earth Healing.* London, SCM, 1993.

Stannard, Russell. *Science and Wonders: Conversation about Science and Belief.* London, Faber & Faber, 1996.

Swinburne, Richard. *Is There a God?.* Oxford, Oxford University Press, 1996.

Thomas, Keith. *Man and the Natural World: Changing Attitudes in England 1500–1800.* Harmondsworth, Penguin, 1984.

Tilby, Angela. *Science and the Soul.* Sondon, SPCK, 1992.

Tipler, Frank. *The Physics of Immortality.* London, Macmillan, 1995.

Torrance, Thomas F. *The Trinitarian Faith.* Edinburgh, T. & T Clark, 1988.

Ward, Keith. *God, Chance and Necessity.* Oxford, Oneworld, 1996.

________. *Religion and Creation.* Oxford, Clarendon, 1996.

Westermann, Claus. *Genesis: An Introduction.* Minneapolis, Augsburg Fortress, 1992.

Worthing, Mark William. *God, Creation and Contemporary Physics.* Minneapolis, Augsburg Fortress, 1996.

색인

도서출판 세복의 발간 도서

간증 서적

나는 어떻게 예수님을 만났는가?
홍성철 편집 / 신국판 / 초판 1쇄, 개정판 11쇄 / 332쪽 / 8,000원
각계각층에서 그리스도의 향기를 진하게 풍기고 있는 21명의 신앙 고백으로, 새신자 및 전도용
선물로 최적인 책.

하나님과 함께 한 스탠리 탬의 놀라운 모험
스탠리 탬 지음 / 류선욱 옮김 / 신국판 / 초판 3쇄 / 334쪽 / 8,500원
하나님의 주권을 인정할 때 얼마나 놀라운 모험을 할 수 있으며, 무엇보다도 영혼을 구원하는
일에 하나님의 동역자가 될 수 있음을 체험적으로 보여 준 책.

사망의 골짜기를 지날지라도
볼레터 스틸 크럼리 지음 / 유정순 옮김 / 신국판 / 초판 1쇄 / 158쪽 / 4,500원
말로 다 표현할 수 없는 인간의 비극 가운데서 하나님의 평강을 발견한 저자의 믿음과 용기에
관한 능력 있는 체험적인 이야기.

하나님의 회초리 능력을 위한 사랑의 매
스탠리 탬 지음 / 성미영 옮김 / 신국판 / 초판 1쇄 / 234쪽 / 6,500원
어떻게 하나님의 능력을 갖게 되고, 기도의 응답을 받으며, 매일 당면하는 문제를 초월하여 승리
하고, 열매 맺는 삶을 누릴 수 있는지를 체험적으로 쓴 책.

How I Met Jesus
John Sung-Chul Hong 편집 / 신국판 / 초판 1쇄 / 296쪽 / $9.99 (10,000원)
〈나는 어떻게 예수님을 만났는가?〉의 영어판. 한국 평신도 남녀 각 5인, 한국 목사 5인 및 외국인
5인의 신앙 고백.

경건 서적

성령의 충만을 받으라
존 T. 시먼즈 지음 / 홍성철 옮김 / 신국판 / 재판 4쇄 / 152쪽 / 4,000원
성령의 충만과 능력을 갈구하는 모든 그리스도인에게 그 방법을 단계적으로 제시한 책.

첫 걸음부터 주님과 함께
션 던 지음 / 전현주 옮김 / 신국판 / 초판 4쇄 / 116쪽 / 3,500원
반복되는 일시적인 결단의 공허함을 극복할 수 있는 원리를 제시하며, 그 원리를 삶에 적용할
때 믿음의 진보와 주님과 하나 되는 매일의 삶으로 인도하는 책.

너희는 나를 누구라 하느냐?
존 T. 시먼즈 지음 / 홍성철 옮김 / 신국판 / 초판 1쇄 / 198쪽 / 6,500원
예수님의 인격과 비유와 기적을 통해 "너희는 나를 누구라 하느냐?"에 대한 질문을 신학적으로나
신앙적으로 명쾌하게 제시한 책.

주님, 나를 변화시켜 주세요

에벌린 크리스튼슨 지음 / 이혜숙 옮김 / 신국판 / 초판 1쇄 / 280쪽 / 9,500원

하나님이 어떻게 사람들을 변화시키시는지를 경험한 저자는 변화를 이루시는 분이 하나님이심을 확신하게 하며, 실제적이고 획기적으로 변화되는 길을 안내해 주는 명저.

현대인을 위한 존 웨슬리의 메시지

스티븐 하퍼 지음 / 김석천 옮김 / 신국판 / 초판 2쇄 / 168쪽 / 5,000원

존 웨슬리의 메시지를 현대인을 위해 재해석한 책으로, 현대의 그리스도인들에게 빛과 방향을 제시해 주는 책.

성령님, 나를 변화시켜 주세요   그리고 사용하여 주세요

커리 매비스 지음 / 홍성철 옮김 / 신국판 / 초판 1쇄 / 180쪽 / 5,500원

분노와 죄의식 등 감정의 문제들이 어떻게 성령의 역사로 변화되어 성장할 수 있고, 주님께 쓰임 받을 수 있는가를 제시하는 책.

참된 믿음을 가지려면

존 슈와츠 지음 / 전현주 옮김 / 신국판 / 초판 1쇄 / 148쪽 / 5,000원

성경 개관, 기독교 역사 이해, 기독교 특성 이해, 그리스도인의 성장 방법 등을 설명하는 기독교의 기본 안내서.

성령과 동행하라

스티븐 하퍼 지음 / 홍성철 옮김 / 신국판 / 초판 3쇄 / 224쪽 / 5,500원

기독교 영성이 무엇이며, 또 어떻게 그 영성을 체험하고 유지할 수 있는지에 대한 좋은 안내자가 되는 책.

십자가 앞에서

리차드 바우크햄, 트레보 하트 지음 / 김동욱 옮김 / 신국판 / 초판 1쇄 / 156쪽 / 5,000원

십자가 앞에 서 있던 열한 명의 삶의 관점에서 십자가를 묵상하므로 우리의 삶을 깊이 있게 변화시켜 줄 것을 기대할 수 있는 책.

그리스도의 마음

데니스 킨로 지음 / 홍성철 옮김 / 신국판 / 초판 1쇄 / 188쪽 / 6,000원

성령이 믿는 자에게 주시는 "그리스도의 마음"이 의미하는 바가 무엇인지 잘 설명해 주는 명저.

성결의 아름다움

베인즈 에트킨슨 지음 / 홍성국 옮김 / 신국판 / 초판 1쇄 / 184쪽 / 5,500원

성결이라는 성경적 진리의 핵심에 직면하여 마음의 감동과 함께 성결하게 되는 것을 체험하도록 인도해 주는 책.

용감한 사랑, 변화시키는 능력   그리스도를 닮아가는 성령의 능력

테리 워들 지음 / 홍성철 옮김 / 신국판 / 초판 1쇄 / 216쪽 / 7,000원

그리스도인이 온전히 예수님을 닮아가도록 역사하는 성령의 변화시키는 능력을 알고 경험하도록 돕는 명저.

제자훈련

이렇게 예수 그리스도의 제자가 되자

홍성철 지음 / 신국판 / 초판 2쇄 / 238쪽 / 7,000원

예수 그리스도처럼 제자훈련의 모범과 성공을 이룬 사람은 일찍이 없었다. 그분의 훈련 방법과 원리가 무엇인지에 대한 해답을 성경적으로 명쾌하게 제시한 책.

건강한 제자가 되자 생명력 있는 그리스도인의 열 가지 특성

스티븐 매키아 지음 / 최언집 옮김 / 신국판 / 초판 1쇄 / 371쪽 / 12,000원
건강한 그리스도인으로서 예수 그리스도의 성숙한 제자가 되는 열 가지 원리를 제시하는 책.

제자훈련 훈련자용 교재 / 훈련생용 교재

찰스 레이크 지음 / 송한민, 이영기 옮김 / 신국판 / 초판 1쇄 / 112쪽, 332쪽 / 5,000원, 13,000원
제자훈련 4단계, 각 9주의 훈련 과정을 통해 경건한 그리스도인으로 성숙해갈 수 있는 훈련자용
교재와 훈련생용 교재.

QT 서적

날마다 솟는 샘

존 T. 시먼즈 지음 / 이영기 옮김 / 크라운판 (양장본) / 초판 1쇄 / 378쪽 / 12,000원
사복음서에 나타난 예수님의 삶과 가르침을 통하여 1년 동안 큐티를 위한 매일의 영적 양식으로,
독자의 영적 삶을 풍성하게 해주는 책.

하나님의 임재를 연습하라

로렌스 형제 지음 / 스티브 트릭셀 편집 / 류명욱 옮김 / 신국판 / 추판 2쇄 / 172쪽 / 6,500원
일상생활 속에서 하나님을 사랑하라는 명령을 실천하는 것이 무엇인가를 보여 주어 하나님의
임재 안에서 사는 법을 훈련할 수 있는 명저.

전기 서적

거룩한 삶을 산 믿음의 영웅들

웨슬리 듀웰 지음 / 홍성철 옮김 / 신국판 / 초판 1쇄 / 312쪽 / 8,000원
거듭난 후 성령으로 충만함을 받은 경험을 하고 하나님이 사용하신 믿음의 영웅들 열네 명의 전
기집.

위대한 그리스도인들은 어떻게 성령의 충만을 받았는가

제임스 로슨 지음 / 홍성철 옮김 / 신국판 / 초판 2쇄 / 298쪽 / 7,000원
하나님의 장중에 사로잡혀 위대하게 살았던 20명의 감동적인 성령 충만의 체험담을 기록한 책.

수잔나 존 웨슬리의 어머니

아놀드 댈리모어 지음 / 김석천 옮김 / 신국판 / 초판 2쇄 / 230쪽 / 6,000원
존과 찰스 웨슬리의 어머니 수잔나의 경건의 모범, 자녀 교육과 양육, 고난과 어려움을 이겨 풍
성한 영적 유산을 남겨 준 이야기.

존 웨슬리 그의 생애와 신학

로버트 G. 터틀 2세 지음 / 김석천 옮김 / 신국판 / 초판 1쇄 / 480쪽 / 13,000원
하나님께 전적으로 헌신하며 살았던 존 웨슬리의 이야기를 통해 독자를 예수 그리스도의 충
만한 믿음으로 인도하는 책.

전도 및 선교 서적

십자가의 도

홍성철 지음 / 신국판 / 초판 1쇄 / 244쪽 / 9,000원
복음의 핵심인 십자가를 집중 조명하는 책으로, 십자가의 사건, 십자가의 모형, 십자가의 의미,
십자가의 능력의 소제목 아래, 각각 5편의 글로 구성되어 있는 명저.

불타는 전도자 존 웨슬리
홍성철 지음 / 신국판 (양장본) / 초판 7쇄 / 346쪽 / 12,000원
존 웨슬리가 어떻게 불타는 전도자가 될 수 있었는지를 제시하여, 현대 그리스도인들도 불타는
전도자가 되도록 인도해 주는 책.

당신의 생애도 변화될 수 있다
알란 워커 지음 / 홍성철 옮김 / 신국판 / 초판 2쇄 / 104쪽 / 4,000원
삶의 목적과 변화를 원하는 모든 현대인들에게 예수 그리스도가 제공하는 구원의 은혜로 변화된
생애를 살 수 있도록 도전하고 길잡이 역할을 할 명저.

현대인을 위한 복음전도의 성경적 모델
홍성철 지음 / 신국판 / 초판 2쇄 / 320쪽 / 11,000원
복음적인 안목으로 성경에 접근하고자 하는 그리스도인과 복음전도 지향적인 설교를 준비하는
사역자를 위해 길잡이 역할을 할 명저.

전도학
홍성철 편저 / 신국판(양장본) / 초판 1쇄 / 432쪽 / 15,000원
전도학의 대가들의 글들을 모아 편집한 책으로, 전도 신학, 전도 전략, 전도 방법을 기술한 전도
학의 길잡이가 될 명저.

복음을 전하세 복음전도의 성경적 근거
홍성철 지음 / 신국판 / 초판 1쇄 / 198쪽 / 8,000원
목회자는 물론 평신도에게 복음전도에 대한 뜨거운 열정과 사명을 일으키게 할 책.

주님의 지상명령 성경적 의미와 적용
홍성철 지음 / 신국판 / 초판 2쇄 / 218쪽 / 7,000원
주님의 지상명령이 함축하고 있는 의미를 깊이 조명하여 그리스도인들로 하여금 그 명령에 보다
확실히 순종할 수 있게 할 저자가 심혈을 기울인 책.

회심 거듭남의 의미와 적용
홍성철 편집 / 신국판 / 초판 2쇄, 개정판 3쇄 / 224쪽 / 7,000원
기독교에서 가장 핵심적 교리인 "회심"의 문제를 신학적, 경험적, 적용적으로 이 분야의 권위자
들이 다룬 9편의 글.

타문화권 복음 전달의 원리와 적용
존 T. 시먼즈 지음 / 홍성철 옮김 / 신국판 / 초판 3쇄, 2판 3쇄 / 342쪽 / 8,000원
복음과 타종교와의 관계 및 복음 전달의 원리와 방법을 깊게 다루어 복음 전달의 이론적 인도자
가 되는 명저.

서로 사랑하자 성경적 복음전도의 모형
진 게츠 지음 / 하도균 옮김 / 신국판 / 초판 2쇄 / 228쪽 / 7,000원
사랑의 동기로 시작하는 복음전도에서 그리스도인들이 사랑으로 하나됨을 통해 사람들을 그리스
도께로 인도할 구체적인 방법을 안내하는 베스트셀러 작가 진 게츠의 명저.

상담 서적

상처난 아버지와의 관계 회복
제임스 L. 쉘러 지음 / 이기승 옮김 / 신국판 / 초판 6쇄 / 272쪽 / 8,000원
인생의 풀리지 않는 아버지와의 문제들이 무엇이며 그것을 어떻게 다루어야 할지, 더 나아가
하나님 아버지께로 인도하는 책.

당신의 인생을 다시 시작하라
데일 겔러웨이 지음 / 류선욱 옮김 / 신국판 / 초판 1쇄 / 202쪽 / 6,500원
인생에서 위기를 당하거나 상처를 입었을 때 어떻게 극복할 수 있는지 저자 자신의 경험을 통해
새롭게 일어날 수 있는 길을 감동적으로 조명해 주는 책.

마음의 숨겨진 상처를 치유하시는 예수님   성령님과 치유 사역
브래드 롱, 신디 스트릭클러 지음 / 전현주 옮김 / 신국판 / 초판 1쇄 / 318쪽 / 11,000원
독특하고 실제적인 방식으로 전인적이고 균형 있는 영적인 치료법을 다룬 상담과 치유 사역을
위한 필독서.

자살을 애도하며
알버트 쉬 지음 / 전현주 옮김 / 신국판 / 초판 1쇄 / 262쪽 / 7,000원
사랑하는 사람이 자살한 후 남겨진 자살 생존자들을 위한 안내서로, 자살을 실제적으로 예방하
도록 돕는 책.

절망과 소망 사이에서   어떻게 육체의 질병을 이길 수 있는가
알 B. 와이어 지음 / 박현주 옮김 / 신국판 / 초판 1쇄 / 280쪽 / 9,500원
육체의 질병에 대해 심각한 진단을 받을 때, 어떻게 대처하고, 어떠한 선택을 하고, 어떻게 하나
님과 함께 동행하며 승리하는가를 보여 주는 책.

도움의 기술   상처받은 사람에게 무엇을 말하고 행할 것인가
로렌 리타우어 브릭스 지음 / 전현주 옮김 / 신국판 / 초판 1쇄 / 432쪽 / 13,000원
우리의 도움을 필요로 하는 상처받은 사람들에게 우리가 의미 있는 격려를 할 수 있는 상식적,
실제적, 구체적인 방법들을 제시해 주는 필독서.

잃어버린 퍼스날리티를 찾아서
최병전 지음 / 신국판 / 초판 1쇄, 개정판 1쇄 / 206쪽 / 5,000원
구원은 받았지만 인격의 상처는 개인과 가정과 교회와 사회에 문제를 일으키는 것을 진단하고
해결의 실마리를 제시하는 책.

목회 서적

영혼을 돌보는 목자
캐롤 와이즈, 존 힝클 지음 / 이기승 옮김 / 신국판 / 초판 1쇄 / 248쪽 / 6,500원
잠재력이 있는 영혼들을 돌보는 사역을 감당하고자 하는 목사, 전도사, 평신도 지도자, 구역장
등에게 안내자 역할을 하는 책.

가정교회   21세기 목회의 새로운 대안
박승로 지음 / 신국판 / 초판 1쇄 / 214쪽 / 7,500원
교회성장을 위하여 소그룹의 특성을 살리며 살아 있는 교회의 세포인 "교회 안의 작은 교회"의
가정교회의 사례 연구와 교회 갱신의 전략으로서 구체적인 방향을 제시한 책.

신학 서적

우주와 창조자
데이비드 퍼거슨 지음 / 전성용 옮김 / 신국판 / 초판 1쇄 / 192쪽 / 7,000원
성서적인 창조신학에 근거하여 신학과 과학의 흐름을 보게 하며, 진화론에 대한 현명한 신학적
태도를 발견하도록 돕는 창조신학 입문서.

복음주의 실천신학개론

복음주의 실천신학회 편 / 신국판(양장본) / 초판 6쇄 / 430쪽 / 15,000원
한국 교회의 목회자와 그리스도인들에게 신학의 복음주의적인 안목을 갖게 함으로 목회 현장을
더욱 풍요롭게 하는 지침서.

성령은 누구인가 삼위일체론적 성령론

전성용 지음 / 신국판 / 초판 1쇄 / 390쪽 / 13,000원
은사를 중심으로 다룬 성령론이 아니라 성령을 삼위일체 하나님으로, 그리고 성부 성자와 동등
한 독자적인 인격으로 다루는 새로운 성령론의 패러다임을 제시하는 책.

성령론적 조직신학

전성용 지음 / 신국판(양장본) / 초판 1쇄 / 750쪽 / 25,000원
성령신학의 정립을 지향하는 책으로, 성령이 삼위일체의 제3위로서의 정당한 지위를 확보하는
기독론적–성령론적 신학의 새로운 패러다임을 제시하는 책.

신앙과 신학을 위한 요한복음의 삼위일체 하나님

배종수 지음 / 신국판 / 초판 2쇄, 개정 1쇄 / 581쪽 / 15,000원
요한복음에 나타난 삼위일체 하나님이 누구이시며, 어떻게 존재하시고 구원을 위해 무엇을 하시
는지를 누구나 읽고 이해할 수 있도록 쉽게 쓴 책.

웨슬리안 조직신학

오톤 와일리, 폴 컬벗슨 지음 / 전성용 옮김 / 신국판 / 초판 3쇄 / 572 / 15,000원
신학의 기초 과정을 위한 교과서일 뿐만 아니라, 평신도들이 사용할 수 있도록 간략하면서도
체계를 갖춘 기독교 교리를 제시한 신학의 고전.

최후의 승리

어네스트 젠타일 지음 / 이혜숙 옮김 / 신국판 (양장본) / 초판 1쇄 / 398쪽 / 15,000원
예수님의 영광스러운 재림이 어떠할 것인지를 알려 주고, 영적으로 깨어서 기쁨으로 준비할 수
있게 할 역작.

강해설교 서적

고난 중에도 기뻐하라 (빌립보서 강해설교)

홍성철 지음 / 신국판 / 초판 2쇄 / 506쪽 / 10,000원
고난 중에도 기뻐할 수 있는 사도 바울의 비결을 성경적으로 파헤치고, 목회적으로 제시한 41편
의 강해설교집.

하나님의 사람들 마태복음 1장 1절 강해설교

홍성철 지음 / 신국판 / 초판 1쇄 / 272쪽 / 9,000원
14회에 걸친 강해설교로, 아브라함, 다윗, 예수 그리스도의 비천에서 존귀로의 삶을 통해 21세기를
살아가는 그리스도인들에게 실제적인 교훈과 열정을 회복시키는 메시지.

눈물로 빚어 낸 기쁨 (룻기 강해)

홍성철 지음 / 신국판 / 초판 1쇄 / 182쪽 / 6,000원
룻기에 담겨진 아름다운 이야기를 새로운 각도로 접근하여 전개한 강해집.

절하며 경배하세

홍성철 지음 / 신국판 / 초판 1쇄 / 224쪽 / 8,000원
예배의 대상과 예배자의 자세를 마태복음과 요한계시록을 근거로 제시하여, 예수 그리스도를
깊이 만나게 하는 명저.

우리에게 일용할 양식을 주소서 (주기도문 강해설교)

홍성철 지음 / 신국판 / 초판 2쇄 / 228쪽 / 6,000원
주기도문에 나타난 하나님의 영광과 우리의 필요를 깊이 조명시켜 주는 강해설교집.

기적을 만드는 사람들

워렌 위어스비 지음 / 구교환 옮김 / 신국판 / 초판 1쇄 / 182쪽 / 6,000원
사도로 변화된 베드로의 이야기를 통해 현대의 그리스도인들이 하나님의 기적을 만들며 살아가
도록 도전하는 책.

가상칠언 그 의미와 적용

아더 핑크 지음 / 전현주 옮김 / 신국판 / 초판 1쇄 / 192쪽 / 7,000원
십자가 위에서 하신 주님의 일곱 말씀을 통해 용서, 구원, 사랑, 고뇌, 고난, 승리, 만족에 대한
교훈을 얻을 명저.

알기 쉬운 히브리서 (히브리서 강해)

네일 라이트푸트 지음 / 홍성철 옮김 / 신국판 / 초판 1쇄 / 244쪽 / 7,500원
대제사장이요 단번에 드려진 속죄물이신 예수 그리스도를 소개하여 모든 그리스도인들의 신앙
을 깊게 하며 예수 그리스도를 깊이 만나게 하는 명저.

마가, 예수의 길을 가다 마가의 예수 이야기

이승문 지음 / 신국판 / 초판 1쇄 / 278쪽 / 9,000원
마가복음을 통해 예수의 수난의 길을 따르는 익명의 사람들을 소개하며, 현대 그리스도인들도
예수의 길을 가도록 권면하는 책.

성령 안에서 설교하라

데니스 F. 킨로 지음 / 홍성철 옮김 / 신국판 / 초판 3쇄 / 176쪽 / 4,500원
방법과 기교를 강조하는 현대 설교에서 성령의 임재를 회복할 수 있는 설교의 원리와 방법을
분명하게 제시하는 책.

심령의 호소를 들으시는 하나님 (시편 1~23편 강해)

이태웅 지음 / 신국판 / 초판 1쇄 / 304쪽 / 7,500원
시편을 기록한 지 수천 년이 지났으나, 시편 기자들이 경험한 변함없는 하나님의 실재와 냉엄한
현실 사이에서 의에 주리고 목말라하는 사람에게 한 모금의 냉수와 같은 책.

시편 강해 (I-IV)

강선영 지음 / 신국판 (양장본) / 초판 1쇄 / 550쪽 / 권당 15,000원
저자가 4년여 동안 시편 전체를 연구하며 설교한 것을 정리하여 펴낸 강해설교집.

요한복음 강해 (I-IV)

강선영 지음 / 신국판 (양장본) / 초판 1쇄 / 590쪽 / 권당 12,000원
저자가 6년여 동안 요한복음 전체를 연구하며 설교한 것을 정리하여 펴낸 강해설교집.

워크북 시리즈 (그룹 교재로 사용 가능)

죽음에 이르는 죄 어떻게 극복할 것인가

맥시 더남, 킴벌리 더남 레이스먼 지음 / 서대인 옮김 / 신국판 / 초판 1쇄 / 288쪽 / 7,000원
피할 수 없는 일곱 가지 죄가 우리의 삶에 어떻게 나타나며, 이러한 죄를 다루는 방법을 제시하
여 죄를 극복하게 하는 책.

중보기도

맥시 더남 지음 / 구교환 옮김 / 신국판 / 초판 1쇄 / 266쪽 / 7,000원
본서는 중보기도의 이해를 도울 뿐만 아니라, 개인이나 그룹이 중보기도를 실제로 하게 하기
위한 구체적이고 실제적인 지침서.

예수님처럼 사랑하자

맥시 더남 지음 / 류명욱 옮김 / 신국판 / 초판 1쇄 / 202쪽 / 7,000원
사도 바울의 사랑장인 고린도전서 13장의 내용을 구체적으로 파악할 수 있고, 독자로 하여금
사랑할 수 있는 구체적인 사랑의 길로 인도하는 책.

그리스도인의 문제들 어떻게 극복할 것인가?

맥시 더남 지음 / 하도균 옮김 / 신국판 / 초판 1쇄 / 264쪽 / 7,000원
그리스도인이 매일의 삶 속에 당면하는 문제들을 어떻게 대처하고 극복할 수 있는지 안내하는 책.

영적 훈련

맥시 더남 지음 / 이연승 옮김 / 신국판 / 초판 1쇄 / 230쪽 / 7,000원
승리하는 그리스도인의 삶을 형성하기 위한 훈련 과정의 워크북으로, 개인적인 묵상뿐만 아니라
소그룹에서 사용할 수 있는 훈련 교재로도 적합한 책.

성령의 열매와 생활

맥시 더남, 킴벌리 더남 레이스먼 지음 / 박재승 옮김 / 신국판 / 초판 1쇄 / 270쪽 / 7,000원
그리스도인의 믿음을 강화시켜 줄 재료로 일곱 가지 기본 덕목을 제시하며, 하나님이 창조하신
대로 선한 자가 되어, 독자를 성령의 열매를 맺는 생활로 안내하는 책.

기독교 고전 시리즈

(1~16권 / 문고판 / 초판 2쇄 / 권당 1,500원)

1. 왜 하나님은 무디를 사용하셨는가	R. A. 토레이 지음 / 홍성철 옮김
2. 보다 깊은 삶	로버트 머레이 맥체인 지음 / 구교환 옮김
3. 하나님의 임재를 연습하라	로렌스 형제 지음 / 이소연 옮김
4. 성결	J. C. 라일 지음 / 서대인 옮김
5. 예수님을 위하여 선하게 증거하자	존 왓슨 지음 / 이대규 옮김
6. 공격적인 기독교	캐더린 부스 지음 / 염동팔 옮김
7. 구령자를 위한 권면	호레시우스 보너 지음 / 최석원 옮김
8. 불타는 사랑	블레즈 빠스칼 지음 / 곽춘희 옮김
9. 행동하는 믿음	조지 뮬러 지음 / 송철웅 옮김
10. 하늘가는 마부	존 번연 지음 / 문정일 옮김
11. 성도다운 학자의 결단	조나단 에드워즈 지음 / 홍순우 옮김
12. 설교자와 기도	E. M. 바운즈 지음 / 이혜숙 옮김
13. 성도의 영원한 안식	리차드 백스터 지음 / 이기승 옮김
14. 부흥의 법칙	제임스 번스 지음 / 문정선 옮김
15. 성경적 구원의 길	존 웨슬리 지음 / 박홍운 옮김
16. 친구여 들어보지 않겠소?	찰스 스펄전 지음 / 홍성철 옮김